W0217669

Mouton-Rothschild,
Latour,
Lafite-Rothschild
& Co.

ECON Gourmet Bibliothek

August F. Winkler

Mouton-Rothschild, Latour, Lafite-Rothschild & Co.

ETB
ECON Taschenbuch Verlag

Bildnachweis:
CENTRE DE COMMUNICATION DU VIN DE BORDEAUX, Hamburg, (1).
Armin Faber Fotografie, Mülheim/Ruhr.
Autor und Verlag bedanken sich für die freundliche Unterstützung bei der Bildbeschaffung.

CIP-Titelaufnahme der Deutschen Bibliothek

Winkler, August F.:
Mouton-Rothschild, Latour, Lafite-Rothschild & Co. /
August F. Winkler. – Orig.-Ausg. –
Düsseldorf: ECON Taschenbuch Verl., 1989
(ETB; 24019: ECON Gourmet Bibliothek)
ISBN 3-612-24019-6
NE: GT

Originalausgabe
© ECON Taschenbuch Verlag GmbH, Düsseldorf
April 1989
Umschlaggestaltung: Ludwig Kaiser
Titelfoto: Johannes Sussbauer; Realisation: Ludwig Kaiser
Rückseitenfoto: Axel Ruske
Zeichnungen: Karola Niehoff (2), Rolf Dähler (1)
Lektorat/Konzeption: Dr. Peter Lempert
Die Ratschläge in diesem Buch sind vom Autor und Verlag sorgfältig erwogen und geprüft, dennoch kann eine Garantie nicht übernommen werden. Eine Haftung des Autors bzw. des Verlags und seiner Beauftragten für Personen-, Sach- und Vermögensschäden ist ausgeschlossen.
Satz: Dörlemann-Satz, Lemförde
Druck und Bindearbeiten: Ebner Ulm
Printed in Germany
ISBN 3-612-24019-6

Inhalt

Hans-Peter Wodarz

über

Mouton-Rothschild, Latour, Lafite-Rothschild & Co.

Es fällt schwer, angesichts einer Flasche Château Mouton-Rothschild nicht ehrfürchtig zu werden. Newcomer unter den Weinliebhabern lassen sich überwältigen vom Ruf dieses Weinguts und seiner Mitstreiter im Pauillac. Zum übergroßen Ruf dieser Weine tritt ja immer auch ein so ganz und gar nicht tiefstapelnder Preis. Dabei kauft man immer die Katze im Sack. Ich behaupte, daß das gut so ist, weil es anders nicht sein kann: Jeder Wein, auch der beste und berühmteste, ist ein Naturprodukt, das sich nicht einem industriellen Standard unterwerfen läßt.

Wenn aber die Erwartungen überdimensioniert sind, können Enttäuschungen nicht ausbleiben. Sicher ist es ärgerlich, wenn man sich mehr versprochen hatte, trotzdem denke ich, man macht etwas falsch, wenn man mit zu großer Ehrfurcht an diese Weine herangeht. Hoffentlich ist sogar das Gegenteil der Fall; wenn man sie in guter Gesellschaft trinkt, braucht man einen Mangel an Gesprächsstoff nicht zu fürchten!

Gleich drei Premiers Crus – Latour, Lafite-Rothschild und Mouton-Rothschild – begründen den Weltruhm von Pauillac. Sich für den einen oder anderen dieser Spitzenweine zu entscheiden fällt schwer und kann letztlich nur mit subjektiven Vorlieben begründet werden.

Mein Lieblings-Château aus dem Pauillac ist das Château Mouton-Rothschild. Sowohl der Inhalt der Flaschen als auch die künstlerische Gestaltung der Etiketten schmeicheln meiner Seele. Der 1945er Mouton-Rothschild ist mir mit seiner Frische und Fülle und dem leichten Pfefferminzton in unvergessener Erinnerung.

Auf der Weinkarte in meinem Restaurant »Die Ente vom Lehel« habe ich dem Mouton-Rothschild eine eigene Seite reserviert und den 40 verschiedenen Jahrgängen einen ganz besonderen Platz im Keller.

Innig verbunden bin ich auch dem 1975er Mouton-Rothschild. Andy Warhol, dessen zukunftsorientiertes Schaffen mich schon seit langer Zeit begeisterte, wurde von Philippe de Rothschild gebeten, zu diesem Jahrgang die Etiketten zu gestalten. Als Andy Warhol im Jahr 1982 nach München kam – auf Einladung des Committee 2000, zu dessen sieben Gründungsmitgliedern ich mich zählen darf –, dort »für das Jahr 2000« eine Champagner-Graphik signierte und wir bei der Zeremonie einige »Andy-Warhol-Rothschilds« tranken, war das schon ein Ereignis, das die Herzen höher schlagen ließ; sogar das des »coolen« Andy, der uns einige »seiner« Flaschen mit einer persönlichen Widmung signierte.

Pauillac: Historie zwischen Aufstieg, Niedergang und Wiederaufstieg

Der einzige Grund, um heutzutage nach Pauillac zu fahren, sind die Weine. Das rund 7000 Einwohner zählende, 48 Kilometer nordwestlich der Großstadt Bordeaux gelegene Städtchen ist touristisch und gastronomisch unattraktiv. Der Hafen ist kein Marseille, die große Ölraffinerie alles andere als ein Idyll und die Landschaft von geradezu erhabener Langeweile, vorwiegend flach, ohne Liebreiz oder Spannung. Aber auf den knapp 1000 Hektar Weinbergen der »Appellation Pauillac« wachsen einige der berühmtesten Rotweine der Welt. Grund genug, sich zunächst einmal ein wenig mit der wechselvollen Geschichte der Region zu beschäftigen.

Das Triumvirat und sein Gefolge

Geografisch zählt die Weingemeinde Pauillac – mit ihren Geschwistern Margaux, Saint-Julien, Saint-Estèphe, Listrac und Moulis – zum Haut-Médoc, das wiederum, wie Médoc, Graves, Saint-Emilion, Pomerol, Sauternes und Fronsac, um die bekannteren zu nennen, ein Teil der großen Weinregion Bordeaux ist. Daß die Internationale der Weinfreunde nun gerade bei den Gewächsen von Pauillac glänzende Augen bekommt, liegt gewiß an den drei Spitzengütern: *Château Latour, Château Lafite-Rothschild* sowie *Château Mouton-Rothschild.* Dieses Triumvirat zieht jährlich viele Tausende von Weinpilgern an, die, sobald sie den Turm von Latour sehen oder eines der Rothschild-Schlösser, unverhohlen Sehnsucht zeigen wie ein Bär, der Honig wittert.

Allein dieses Trio sichert den Ruhm von Pauillac. Ergänzt wird es durch ein gutes Dutzend weiterer Güter, die ebenfalls große Weine erzeugen – wie *Château Pichon-Longueville-Comtesse de Lalande, Château Pichon-Longueville-Baron, Château Lynch-Bages* oder *Château Grand-Puy-Lacoste.*

Obwohl das Gebiet kompakt ist und leicht überschaubar, kann man die Weine von Pauillac geschmacklich keineswegs über einen Kamm scheren. Generell läßt sich zwar sagen, daß die Weine dunkelfarbig sind und einen ausgeprägten Duft nach schwarzen Johannisbeeren sowie Zedernholz entwickeln. Sie haben Kraft, Tiefe und Länge, gepaart mit Eleganz, sie sind forsch, ja abweisend in ihrer Jugend und immer feiner werdend im Alter. In Bukett und Geschmack hat Pauillac die meiste Dichte unter den Médoc-Weinen. Aber das sind nur Richtwerte. Von den drei Spitzengütern hat jedes seinen eigenen, unverwechselbaren Stil. Latour triumphiert mit muskulöser Stärke, Lafite mit zarter Finesse, Mouton mit würziger Opulenz.

Pauillac ist nicht nur ein Synonym für große Weine im Stile der Médoc-Klassik. Die Weingemeinde steht auch für individuelle Vielfalt, und die Cabernet Sauvignon, die Hauptrebe des Médoc, erreicht hier, wo sie ihre

Charakterzüge am besten entfaltet, den Rang eines Leitbildes.

Die englische Liaison

Reben hat es im Médoc schon gegeben, bevor dort richtig französisch gesprochen wurde. Als Crassus, der Römer, 60 n. Chr. in die Gegend von Bordeaux kam, stieß er auf Weinberge. Unter den Römern scheint die Weinwirtschaft geblüht zu haben, danach kam es zu Verwüstungen durch Sarazenen und andere Eindringlinge. Was damals als Wein angesehen wurde, würde uns heute freilich ziemlich ruppig erscheinen und wohl sauer aufstoßen. Das erklärt auch, weshalb den Weinen in jener Zeit oftmals Honig, Gewürze u.a. weinfremde Ingredienzen zugesetzt wurden; man hat sie geschmeidiger machen wollen.

Von großer, bis heute wirksamer Bedeutung war 1152 die Vermählung der Eleonore von Aquitanien, der einzigen Tochter des letzten Herzogs von Aquitanien (wie die Region um Bordeaux hieß), mit Heinrich Plantagenet, dem Grafen von Anjou, der kurz darauf als König Heinrich II. den englischen Thron bestieg. Bordeaux gehörte danach bis 1453 zur englischen Krone. Während dieser Liaison gewöhnten sich die Engländer an den roten Bordeaux – den »Claret« –, mit der Folge, daß England zum wichtigsten Markt für Bordeaux-Gewächse wurde. Umgekehrt finden auch heute noch die Gutsherren im Médoc, von denen etliche Engländer sind, den britischen Lebensstil besonders fashionabel; in keiner anderen französischen Weinregion wird so viel und so gut englisch gesprochen wie eben in Bordeaux.

Weinbaubereiche in der Bordeaux-Region

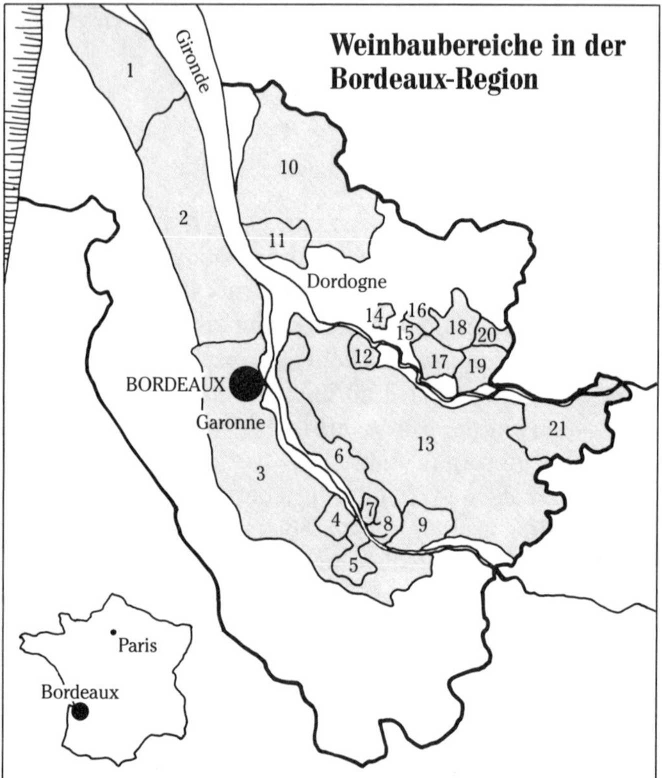

1 Médoc
2 Haut-Médoc
3 Graves
4 Cérons
5 Sauternes und Barsac
6 Premières Côtes de Bordeaux
7 Loupiac
8 Ste-Croix-du-Mont
9 Côtes de Bordeaux-St-Macaire
10 Blayais
11 Bourgeais
12 Graves de Vayres
13 Entre-deux-Mers
14 Fronsac und Côtes de Canon-Fronsac
15 Pomerol
16 Lalande-de-Pomerol und Néac
17 St-Emilion
18 Montagne-, Lussac-, Parsac-, Puisseguin- und St-Georges-St-Emilion
19 Côtes de Castillon
20 Côtes de Francs
21 Ste-Foy-Bordeaux

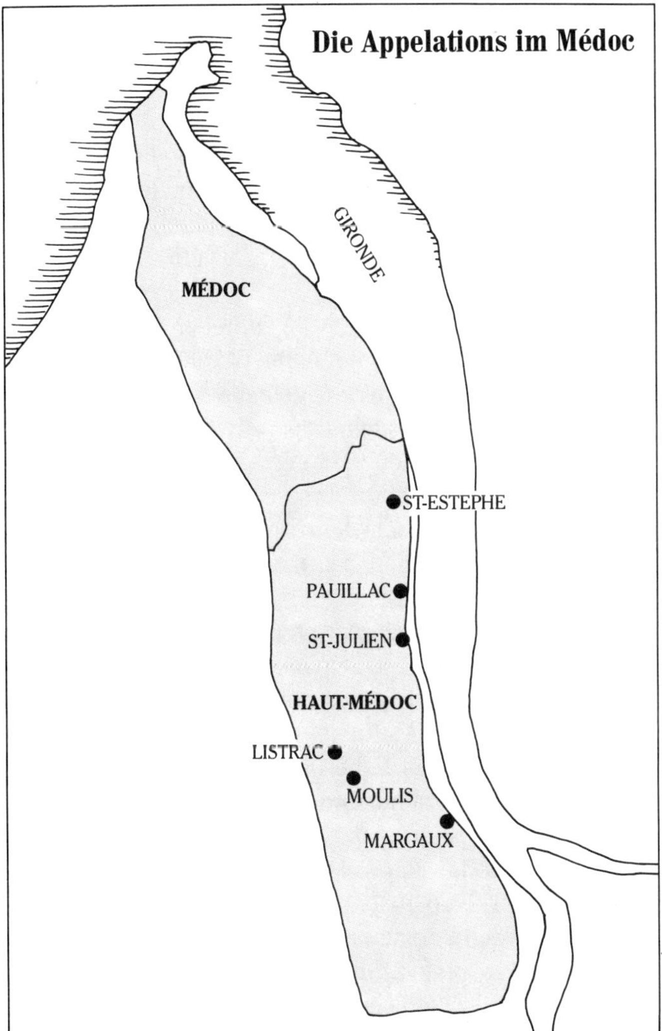
Die Appelations im Médoc
GIRONDE
MÉDOC
ST-ESTEPHE
PAUILLAC
ST-JULIEN
HAUT-MÉDOC
LISTRAC
MOULIS
MARGAUX

Die Pioniere: Ségur & Co.

Im 17. und vor allem im 18. Jahrhundert erfolgte die Bildung größerer Besitztümer. Infolge einer geschickten Heiratspolitik entstanden große Domänen. Die Familie Ségur legte die Weinberge von Château Lafite und Latour an, die Pontac schafften Haut-Brion (Graves), die Brane gründeten Mouton. Ludwig XV. betitelte Alexandre de Ségur als »Prince des Vignes«, und das mit Recht: Erstreckte sich doch der Besitz des jungen Adligen neben Lafite und Latour auf eine ganze Reihe weiterer Weingüter.

Um 1760 hatte das Weinbaugebiet des Médoc schon in etwa seine heutige Ausdehnung. Neben der Auswahl der Rebsorten und der Landbestellung durch Gespanne begann man, sich Gedanken über bessere Weinbereitungstechniken zu machen. Im ersten Jahrzehnt des 18. Jahrhunderts kreierte man im Médoc den Typ der »Vins Nouveaux«, der jungen Weine, die die Engländer »New French Claret« und später »Bordeaux Clairet« nannten. Um 1730 übernahmen die Médoc-Winzer von den Holländern entwickelte Verfahren, die eine längere Lagerung und Reifung des Weins ermöglichten, wie das Auffüllen des verdunsteten Weins im Faß oder das Abziehen vom Bodensatz und das Schwefeln.

Wenn bislang meist nur von der Region Médoc die Rede war, so hat das einen einfachen Grund: Der Weinbau in größerem Maßstab kam erst vergleichsweise spät nach Pauillac, Ségur & Co. hatten da Pionierarbeit geleistet: Der Weinbau expandierte seit Beginn des 18. Jahrhunderts in Pauillac kräftig, man zählte in der zweiten Jahrhunderthälfte bereits 20 Küfenwerkstätten in der Stadt, sogar eine eigene Glasfabrik wurde gegründet.

Schon von weitem zieht der aus dem Jahr 1620 stammende, rundlich abgedachte Turm, das Wahrzeichen von Château Latour, die Blicke auf sich.

Kaum noch im Handel zu finden sein dürfte der Château Latour aus dem Jahrhundertjahr 1961. Er ist ein herausragendes Beispiel für die Kraft der Latour-Weine.

Kein Wunder, daß Adel und reich gewordene Kaufleute Weinberge erwarben und Schlösser bauten. Jedes Weingut nennt sich heute »Château«, egal, ob das nun wirklich ein veritables Schloß ist, eine komfortable Landvilla oder auch nur ein Bauernhaus mit Weinkeller. Nach den Wirren der Französischen Revolution, als die Médoc-Weine ihr goldenes Zeitalter erlebten, gipfelnd in der berühmten, bis heute ebenso umstrittenen wie respektierten Klassifizierung der Médoc-Güter im Jahr 1855, investierten auch Pariser Bankiers wie die Rothschilds in Besitzungen.

Reblausplage und Neubeginn

Einen Rückschlag gab es 1878 durch die aus Amerika eingeschleppte Reblaus, die »Phylloxera vastratix«. Dieser Schädling, der sich übrigens nach und nach quer durch die europäischen Weinwurzeln fraß, vernichtete nimmersatt und immun gegen herkömmliche Bekämpfungsmittel auch die Rebstöcke in Pauillac. Erst das Umpfropfen der französischen Rebsorten auf amerikanische, gegen die Reblaus resistente Rebenwurzeln ermöglichte den Neubeginn der Weinkultur, die mit dem Jahrgang 1893 Auferstehung feierte; auch 1899 und 1900 waren große Jahrgänge.

Zwischen den beiden Weltkriegen hatte die Region trotz einiger exzellenter Weinjahrgänge in den 20er Jahren – wie 1921, 1924, 1928, 1929 – mit erheblichen wirtschaftlichen Schwierigkeiten zu kämpfen. Viele Winzer und Händler, die als sogenannte Négociants schon lange eine große Rolle spielten und den Weinmarkt praktisch beherrschten, mußten mangels finanzieller Masse kapitulieren. Nach 1945 ging es aufwärts, zögerlich erst, weil viele Weinberge und Keller in marodem Zustand waren.

Man investierte und erlebte in den 60er Jahren sowie vor allem Anfang der 70er eine neue Blüte, die allerdings von 1973 auf 1974 jäh verwelkte. Gewagte Spekulationen und die Ölkrise hatten die Weinpreise zusammenbrechen lassen. Doch schon ab 1976 setzte ein Aufschwung ein, der bis heute ungebrochen anhält. Kapitale Investitionen in Weinberge und moderne Kellertechnik bescherten der Region bei gleichzeitig weltweit explosiv gestiegenem Bedarf an hochklassigen Weinen eine neue Belle Époque. Und mittendrin glänzen die Château-Weine von Pauillac wie die Perlen einer teuren Kette.

Weinbruderschaft mit alter Tradition

Wenn auch die ganz Großen des Pauillac nicht auf diese Organisation und ihre Aktivitäten angewiesen sind, so hat auch das Médoc wie andere Weinregionen seine Weinbruderschaft: die Commanderie du Bontemps de Médoc et de Graves. Sie beruft sich auf eine alte Tradition, auf den Orden der Templer von Malta, der 1155 in Benon Saint-Laurent (Médoc) gegründet wurde. Eine zweite Commanderie des Templiers entstand 1315 in Arcins und wurde bald eine der bedeutendsten in der ganzen Diözese.

1950 nahm eine Gruppe unternehmungslustiger Médocains die Tradition wieder auf und gründete zunächst eine Commanderie für Médoc. Weil es aber auch im benachbarten Graves einen Premier Cru gibt, dehnte die Commanderie ihre Aktivitäten auf dieses Gebiet aus.

Die Mitglieder sind Weinfachleute: Winzer, Makler, Weinhändler. Ihr Ziel ist es, das Ansehen der Weine aus dem Médoc in der ganzen Welt zu stärken durch Veranstaltungen innerhalb und außerhalb des Médoc-Gebietes, »an jedem Ort und für jedermann«, wie es im Inthronisationsritual heißt. Die Inthronisierten werden feierlich aufgerufen als »Compagnons, Echansons (Mundschenk), Gourmettes, Commandeurs d'Honneuer . . .«.

Jedes Jahr veranstaltet die Commanderie du Bontemps außerdem große Feste:

- ▷ Saint-Vincent, im Januar, das Fest der Weinbauern, der Küfer und der Kellermeister;
- ▷ das Blütenfest (fête de la fleur), im Juni, um den Beginn der Weinblüte zu feiern;
- ▷ der »Ban des Vendanges«, im September, die offizielle Ankündigung des Beginns der Weinlese.

Bei diesen Festen präsidieren immer Persönlichkeiten aus Politik und Diplomatie sowie international bekannte Künstler.

Als die Römer in das Gebiet von Pauillac kamen, stießen sie auf Weinbauern. Das war vor fast 2000 Jahren. Heute ist der Name Pauillac international ein Begriff für große Rotweine. Allein das Trio Lafite-Rothschild, Latour und Mouton-Rothschild sichert den Ruhm dieser Region – Kriegen und wirtschaftlichen Tiefs zum Trotz.

Die Eigenschaften von Pauillac oder Was Pauillac zum Pauillac macht

Die Suche nach dem Grund für den besonderen Charakter der Weine aus Pauillac hat schon Generationen bewegt und Freundschaften strapaziert. Der nördliche Nachbar ist Saint-Estèphe, der südliche Saint-Julien, und mit freiem Auge ist kein landschaftlicher Unterschied festzustellen. Die Reben sind die gleichen, und auch die Sonne scheint nicht anders. Was also macht die vier bis fünf Millionen Flaschen Rotwein, die pro Jahr in Pauillac erzeugt werden, so speziell, daß sie von Kennern einigermaßen sicher geschmacklich identifiziert werden können? Und das, obwohl jedes namhafte Château seinen eigenen Weinstil pflegt?

Die Erde ist es und das Kleinklima, sagen die Experten. Ja, nicken die alten Weinbauern und ergänzen: »Auch der Mensch.« Denn technisch gesehen läuft die Weinbereitung in Pauillac nach dem gleichen Verfahren ab wie anderswo im Médoc. Natürlich hat jeder Kellermeister seine Philosophie. Die beginnt bei der Weinbergspflege, der Art der Düngung, dem Datum der Ernte. Wie streng werden die reifen von den grünen Trauben getrennt? Wie lange läßt man den Wein gären? In welchem Verhältnis mischt man die einzelnen Rebsorten? Wie lange reift der Wein in den Barriques?

Die Weinwerdung

Als erstes werden die Trauben entrappt. Die Stiele enthalten rauhe Gerbsäure, von der nicht zuviel in den Most kommen soll. Deshalb werden sie von den Weinbeeren getrennt. Früher wurde das in Handarbeit gemacht, heute geschieht es maschinell. Die Beeren werden leicht zerquetscht, behutsam, ohne die Kerne zu zermalmen. Der pure Traubensaft fließt nun mitsamt den Beerenhäuten, die jene Stoffe enthalten, die dem Rotwein seine Farbe, das Tannin und den Duft geben, in die »Cuves« genannten Gärbottiche aus Holz, Zement oder Edelstahl.

Jetzt beginnt die Gärung, die Weinwerdung, die vom Kellermeister genausoviel Erfahrung wie Konzentration erfordert. Diese erste, von den Naturhefen ausgelöste Fermentation (Gärung) dauert sieben bis zwölf Tage, manchmal auch länger, wobei durch Kühlung dafür gesorgt wird, daß die Temperatur des Mostes nicht über 30 Grad Celsius steigt. Je harmonischer die Gärung verläuft, desto mehr Aromastoffe bleiben dem künftigen Wein erhalten.

Im Verlaufe der Gärung, in der sich der Traubenzucker in Alkohol und Kohlensäure wandelt, werden auch den Beerenhäuten die Farb-, Gerb- und Duftstoffe entzogen. Je reifer die Trauben sind und je mehr natürlichen Fruchtzukker sie enthalten, desto kraftvoller wird der Wein. In mageren Jahren, wenn der Anteil des Traubenzuckers zu gering ist, wird dem Most vor der Gärung extra Zucker zugesetzt. Diese legalisierte Anreicherung nennt man Chaptalisieren. Der Zucker macht den Wein nicht süß; er vergärt und soll den Gehalt an Alkohol erhöhen. Die Weine von Pauillac enthalten in der Regel 12 Prozent Alkohol.

Ist die Gärung beendet, aus dem Traubensaft also sozusagen blutjunger Wein geworden, der durch ein Sieb, das alle festen Bestandteile zurückhält, in Küfen oder Tanks gefüllt wird, preßt man den Bodensatz (bestehend aus Häuten, Hefe und anderen festen Stoffen wie Kernen oder auch Stielteilchen) aus. Das ergibt den *»vin de presse«*, der besonders farbintensiv und tanninreich ist. Er wird später zur Gänze oder nur zu einem Teil, je nach Einschätzung des Kellermeisters und entsprechend dem Stil des Hauses, mit dem anderen Wein vermengt. Der aus dem Beerenmark gekelterte *»vin de presse«* ist wegen seines hochkonzentrierten Charakters unverzichtbar für die gehaltvolle Rasse und Langlebigkeit der noblen Pauillac-Kreszenzen.

Das nächste Stadium ist die sogenannte malolaktische Fermentation, auch zweite Gärung oder Äpfelmilchsäuregärung genannt. Sie setzt normalerweise von selbst ein, vorausgesetzt, die Außentemperatur liegt nicht unter 15 Grad Celsius. Im Idealfall folgt sie unmittelbar auf die erste, die alkoholische Gärung. Ist es zu kalt, so daß die Bakterien, die zur Freude der Winzer die strenge, scharfe Äpfelsäure in die milde, feinere Milchsäure umwandeln – nichts anderes bewirkt die malolaktische Gärung –, untätig bleiben, werden die Küfen mitsamt dem Wein erwärmt. Erst am Ende des Gärprozesses ist der Wein stabil und quasi immun gegen bakterielle Infektionen.

Assemblage: Eine große Kunst

Jetzt – es ist Januar (des auf die Ernte folgenden Jahres), mitunter auch später – beginnt in den Weingütern die heikle, sehr viel Routine und Zungenspitzengefühl erfordernde Assemblage: das Vermählen der Weine. Die aus den zwei, drei und vier in Pauillac angebauten Rebsorten gewonnenen und individuell vergorenen Weine werden nun probiert und - mit *»vin de presse«* - zum Hauptwein des Gutes (dem *»grand vin«*) in bestimmtem Verhältnis zusammengemischt.

Weil sich nicht jeder Wein gleich gut entwickelt hat, wird durch die Kostproben entschieden, welche Fässer für den *»grand vin«* in Frage kommen. Was den Ansprüchen nicht genügt, wird entweder unter einem Zweitetikett abgefüllt (beispielsweise *Réserve de la Comtesse* von Château Pichon-Longueville de Lalande, *Moulins de Carruades* von Lafite-Rothschild oder *Haut-Bages-Averous* von Château Lynch-Bages) oder anonym an den Handel verkauft. Es versteht sich von selbst, daß die qualitativen Ansprüche von Château zu Château schwanken.

Im Anschluß an die selektive Prozedur des Verschneidens kommt der Wein nun endlich in die Fässer, genauer: in die berühmten, 225 Liter fassenden sogenannten *Barrique*. In diesen Fäßchen aus Eiche reift der Wein nun 18 bis 24 Monate lang. Barrique ist freilich nicht gleich Barrique. Nur die finanzstarken Weingüter können sich jedes Jahr Fässer aus neuer Eiche leisten, was von großem Einfluß auf den künftigen Wein ist, weil die Eiche nebst Gerbstoffen auch würzige Aromen abgibt.

Wenige Monate vor dem Abfüllen in Flaschen wird der Wein mit frisch geschlagenem Hühnereiweiß geklärt (das zu Boden sinkende Eiweiß bindet eventuelle Trübstoffe und nimmt sie mit). Der letzte Akt ist formaler Art: Durch das Etikett erhält der Wein seine Identität.

Barriquomanie oder Die Liebe zur Eiche

In Bordeaux und damit natürlich auch in Pauillac hat das Barrique Tradition, auch im spanischen Rioja ist es, einst mitgebracht von französischen Winzern, in Gebrauch. In Burgund werden vorzugsweise die kapitalen Weiß- und Rotweine einige Zeit in neuen Eichenholzfäßchen – dort »pièce« genannt und 228 Liter fassend – gelagert. Die Kalifornier sind geradezu verliebt ins Barrique; wenn sich die Winemaker treffen, können sie stundenlang über die diversen Eichenaromen diskutieren. Auch Australien, Italien, selbst Österreich und Deutschland sind vom Barrique infiziert wie von einem Fieber.

Wenn vom Barrique-Ausbau die Rede ist, meint man in der Regel jene Fässer, die erstmals verwendet werden, die also ihr gesamtes Potential an Gerbsäure, Farbe sowie spezifischen Aromen noch in sich haben und an den Wein abgeben. Mit wieviel Eichenaroma der Wein gewürzt wird, hängt von mehreren Faktoren ab: der Art des Weins, der Qualität des Eichenholzes, der Dauer der Lagerung.

Barrique ist nämlich längst nicht gleich Barrique. In der Form sind sich die Fäßchen zwar gleich, nicht jedoch in der Wirkung. Die europäische Eiche weist im allgemeinen bis zu doppelt soviel Extraktstoffe und Tannine (Gerbsäuren) auf wie die amerikanische Eiche, die wiederum mehr Duftstoffe an den Wein abgibt (Stichwort: Minze). Aber auch die europäischen Eichenhölzer haben unterschiedliche Eigenschaften. Eiche aus Limousin aromatisiert den Wein anders als Eiche aus Nevers, Troncais, Allier, den Vogesen, dem Hunsrück oder aus Slowenien.

Daß die im Holz enthaltenen Säuren und Aromen überhaupt auf den Wein durchschlagen, liegt daran, daß die Barrique in Pauillac und den umliegenden Appelationen nur mäßig gereinigt werden. Im Gegensatz dazu machen die deutschen, österreichischen oder elsässischen Winzer ihre Fässer aus Kastanie, Akazie oder Eiche »weingrün«, was praktisch heißt: Sie werden mit Wasserdampf und Salzen, auch mit Chemie behandelt, um sie so neutral wie möglich zu machen. Diese Fässer beeinflussen den Geschmack des Weins nur minimal bis gar nicht.

In Barrique ausgebaute Weine wie die von Pauillac haben einen typischen »Eichenton« – in Duft und Geschmack je nach Eichenart und Weintyp mehr oder weniger stark erinnernd an Vanille, Zimt, Gewürznelke, Lakritze, Minze und andere exotische Gewürze. Oft ist dieses aromatische Ensemble noch von einem süßlichen Ton durchdrungen. »Ah, welch feiner Duft«, lobt dann so mancher Trinker im naiven Glauben, die Natur habe den Wein so gönnerhaft gewürzt. Nichts da, der Mensch hat mit der Eiche gleichsam Pate gestanden.

Im Idealfall verbinden sich die milderen Tannine der Eiche harmonisch mit den aggressiveren »grünen« Traubentanninen; das macht den Wein runder, auch komplexer, läßt ihn früher geschmeidiger wirken und eher trinkbar sein. Gleichzeitig nimmt – immer noch den Idealfall vorausgesetzt – das Beerenaroma (Cassis, Himbeere, Brombeere, Kirsche, Pflaume, Erdbeere ...) leicht zu, als würde es durch die Eiche gedopt, während das sogenannte vegetative Aroma (grüne Bohnen, Gras, Blumen, frischer Paprika) deutlich abnimmt. Zusätzlich wird der Wein durch die Eichentöne (Vanille, Zimt, Nelke etc.) angereichert. Das verleiht dem Wein mehr Dichte und Charakter.

Weil der Lohestoff (Tannin) des frischen Holzes wie ein Gewürz wirkt – zuviel schadet, das ist wie mit dem Würzen in der Küche –, hängt es von der Grundstruktur des Weins und dem Fingerspitzengefühl des Kellermeisters ab, ob der Ausbau im frischen Barrique dem Wein nützt oder schadet. Während ein Cabernet Sauvignon, die Hauptrebe des Médoc, von Haus aus sehr aromaintensiv ist und dank seiner reichen Extrakte eine Menge Eichenaromen wegsteckt, ohne an Individualität zu verlieren, würde beispielsweise ein Riesling durch das Eichenparfum bis zur Unkenntlichkeit verändert. Da riecht und schmeckt man nichts mehr von der klaren, rassigen Fruchtigkeit, dem größten Kapital dieser Rebe.

Weil aber der Eichenton modisch ist, neigen etliche Kellermeister dazu, über das Ziel hinauszuschießen. Sie lagern schmalbrüstige Weine entweder zu lange in Barrique oder bauen auch Weine, die sich nicht dazu eignen, in neuer Eiche aus. In Kalifornien wird der international begehrte Barrique-Effekt durchaus legal und keineswegs selten auch durch Eichenspäne ersetzt, sogenannte Eichenchips, die eine Zeitlang in den Wein geworfen werden. Der Wein ist gleichsam mariniert – ein Verfahren, das, weitaus billiger als die kostspieligen Barrique, auch bei Cognac nicht unbekannt ist. Allerdings verleiht es dem Wein eine trügerische Bitterkeit.

Letztlich muß der Verbraucher selber entscheiden, ob und welche Weine er mit wieviel Eichenton mag. Fest steht, daß ein schwacher Wein auch im besten Barrique nie ein guter Wein werden kann, wogegen falscher Umgang mit dem neuen Eichenfäßchen – zumal, wenn es an Erfahrung hapert – aus einem guten Grundwein schnell eine Dutzendware macht. Hinzu kommt, daß so mancher Barrique-Wein, der anfangs durch seine komplexe Fruchtigkeit und runde Art zu entzücken scheint, in wenigen Jahren der Reife nur nach Holz und seltsam nach Lakritze schmeckt.

Die rechte Formel für den Umgang mit dem frischen Eichenholz hat der renommierte Ökologe Emile Peynaud aus Bordeaux gefunden: »Der Geruch des Holzes darf nicht die anderen Aromen ausradieren und allein das Bukett gestalten, das dann künstlich ist. Man muß das Holz im Wein wie die Gewürze beim Kochen anwenden – nur, um die anderen Geschmacksrichtungen herauszuheben.«

Rebsorten und drei weitere weinbildende Faktoren

Vier Faktoren sind bestimmend für den Wein: Rebe, Erde, Klima, Mensch. Außer der Rebsorte prägt vor allem der Boden, also die »Lage«, den Wein. In Pauillac wachsen die Rebstöcke auf Muschelkalk, Kiesel, Sand und Ton. Der eisenhaltige Boden ist karg und durchlässig, was die Wurzeln zu verstärktem Wachstum zwingt. Bei alten Weinstökken, die weniger tragen, aber stets die feineren Weine liefern, bohren sich die Wurzeln bis zu fünf und mehr Meter tief auf Nahrungssuche in die Erde.

Pauillac wird vom 45. Breitengrad durchschnitten und hat ein warmes, feuchtes Klima, von Licht und Sonne erfüllt, wie es für den Wein ideal ist. In der Regel gibt es in der Bordeaux-Region denn auch deutlich mehr gute Jahrgänge in einem Jahrzehnt als etwa in Burgund. Andererseits knallt die Sonne nicht so unerbittlich nivellierend auf die Reben wie im tiefen Süden. Die Lage zwischen zwei großen Wasserflächen – dem Atlantik und der breiten Trichtermündung der Gironde, die beide temperaturausgleichend wirken – sorgt für ein besonders günstiges Mikroklima.

Der Mensch gibt dem Wein im Keller den letzten Schliff. Aber die Rebe, sonnenhungrig und wasserscheu, ist so etwas wie die Mutter des Weins. Sie prägt ihn am stärksten. In Pauillac tut sie es gleich mehrfach, denn wie überall sonst in Bordeaux sind die Weine traditionell ein Verschnitt aus mehreren Rebsorten. Jedes Château hat bei der Kombination der drei bis fünf Reben sein eigenes Rezept, was u.a. die geschmackliche Vielfalt der Gewächse erklärt.

Folgende Rebsorten werden in Pauillac gepflegt:

▷ *Cabernet Sauvignon:* Das ist die Leitrebe, typisch für Médoc und Graves (wogegen in Saint-Emilion und Pomerol die Merlot dominiert). Sie sorgt für tiefe Farbe, das markante Bukett mit dem charakteristischen Aroma nach schwarzen Johannisbeeren sowie für einen kraftvollen Körper. Der tanninbittere Geschmack, der Zunge und Gaumen sich erschreckt zusammenziehen läßt, wandelt sich im Laufe des Reifeprozesses in konzentrierte Eleganz. Der Sauvignon gibt dem Wein ein langes Leben.

▷ *Cabernet Franc:* Diese Verwandte des Sauvignon spielt eine wichtige Rolle als Zweitrebe (in Saint-Emilion heißt sie Bouchet). Ihre Mitgift ist eine leuchtendrote Farbe, vor allem jedoch ein starker Duft. Ihr Gerbstoffgehalt (Tannin) ist nicht so stark wie beim Cabernet Sauvignon.

▷ *Merlot:* Diese frühreife, feine Rebe mit dem molligen Aroma harmoniert bestens mit den Cabernet-Reben.

Der Wein ist tiefdunkel, weich und füllig, doch bei weitem nicht so tanninbetont wie die beiden Cabernet – also ideal zur Ergänzung; er macht den Wein geschmeidiger und runder.

▷ *Malbec:* Die Sorte reift früh und bringt delikate Weine hervor, doch spielt sie in Pauillac eine untergeordnete Rolle; nur wenige Güter haben noch alte Weinstöcke in den Anlagen.

▷ *Petit Verdot:* Die Bedeutung dieser Sorte ist ebenfalls zurückgegangen. Sie reift spät, die Weine sind dunkelfarbig, alkohol- und tanninreich.

Die Hauptrolle bei den Pauillac-Gewächsen spielt der Cabernet Sauvignon, gefolgt von Merlot und Cabernet Franc. In der Regel beträgt der Anteil von Cabernet Sauvignon am fertigen Château-Wein um die 70 Prozent. Cirka 20 Prozent macht im Schnitt die Merlot aus, etwa 10 Prozent der Cabernet Franc.

Viele Faktoren sind maßgeblich für den Charakter der Pauillac-Gewächse: die Erde, das Klima, die Reben, der Mensch. Den letzten Schliff bekommt der Wein im Keller durch die lange Reife in den Barrique. Jeder Château-Wein ist eine Mischung aus drei bis fünf Reben; das gibt dem Pauillac seine unvergleichliche Harmonie.

Wein und Klassen

Die Weingesellschaft in Pauillac ist nicht klassenlos. Das zeigt sich mit schneidender Deutlichkeit an der Médoc-Klassifizierung von 1855, die heute noch ihre Gültigkeit hat. In ihr sind die Spitzengüter dieser Region in fünf Klassen eingeteilt. Daneben gibt es eine weitaus größere Gruppe von sog. Bürgergewächsen, die es zwar, was die Qualität angeht, kaum mit den Top-Gewächsen aufnehmen können, deren gutes Preis-Leistungs-Verhältnis sie jedoch für viele Gourmets äußerst interessant werden läßt.

Die Klassifizierung von 1855: 18 Pauillac-Gewächse

Veröffentlicht wurde die aufsehenerregende Klassifizierungsliste am 18. April 1855, nachdem die Bordelaiser Weinmakler auf Bitte der Handelskammer die ihrer Ansicht nach besten Güter in fünf Rangordnungen (Premiers, Deuxièmes, Troisièmes, Quatrièmes, Cinquièmes Crus) zusammengefaßt hatten (die Top-Gewächse in der Premier-Klasse etc.). Die Makler stützten sich bei ihrer Wertung vor allem auf die Preise, die von den 61 Châteaus für ihre Weine erzielt wurden. Der Grund für die Liste, die 60 sogenannten Grands Crus Classés (große klassifizierte Gewächse oder Weingüter) nennt, war die Vorbereitung auf die Weltausstellung in Paris im Jahr 1855. Weil man Weine aus der Bordeaux-Region präsentieren wollte, wurden die besten Gewächse gesucht. Napoleon III. wünschte dies, also machte man sich an die Arbeit. Faktisch schrieben die Makler einen Zustand fest, wie er damals bestand, ohne daß sie je zu träumen gewagt hätten, daß ihre Rangordnung 133 Jahre später noch in Würden sein würde – unkorrigiert bis auf eine einzige Ausnahme: Château Mouton-Rothschild wurde 1973 durch die Pariser Regierung vom Deuxième Cru zum Premier Cru befördert, rückte also gewissermaßen von Platz zwei mit an die Spitze vor.

Ansonsten blieb alles so, wie es 1855 aufgrund der damaligen Verhältnisse klassifiziert wurde. Im wesentlichen hat diese Médoc-Klassifizierung, in der 18 Gewächse aus Pauillac enthalten sind, ihre Wertordnung zwar behalten. Niemand wagt es, daran zu rühren, also Güter zu eliminieren oder neu aufzunehmen. Aber Tatsache ist, daß längst nicht mehr die Qualität aller Châteaus deren Klassifizierung entspricht. Einige Güter sind inzwischen völlig verschwunden, andere schlechter oder besser geworden – und außerhalb, speziell unter den sog. Crus Bourgeois (also den »Bürgergewächsen«), gibt es Châteaus, die bei einer Reform berücksichtigt werden würden. Eine korrigierende Funktion hat natürlich der Markt mit seinen Preisen.

Aus Pauillac sind folgende Güter klassifiziert (gehören also zu den Grands Crus Classés):

Premiers Crus (»Erste Gewächse«):

Château Lafite-Rothschild
Château Latour
Château Mouton-Rothschild

Deuxièmes Crus (»Zweite Gewächse«):

Château Pichon-Longueville-Baron
Château Pichon-Longueville-Comtesse de Lalande

Troisièmes Crus (»Dritte Gewächse«):

Keines

Quatrièmes Crus (»Vierte Gewächse«):

Château Duhart-Milon-Rothschild

Cinquièmes Crus (»Fünfte Gewächse«):

Château Pontet-Canet
Château Batailley
Château Haut-Batailley
Château Grand-Puy-Lacoste
Château Grand-Puy-Ducasse
Château Lynch-Bages
Château Lynch-Moussas
Château Mouton-Baronne-Philippe
Château Haut-Bages-Libéral
Château Pédesclaux
Château Clerc-Milon
Château Croizet-Bages

Unzufrieden mit dieser Klassifizierung waren naturgemäß jene Güter, die keine Aufnahme fanden, sich jedoch für zu

Das Château Lafite-Rothschild gehört zu den berühmtesten Weingütern der Welt. Es kann auf eine ruhmreiche Vergangenheit zurückblicken, was sich auch heute noch bei Auktionen alter Weine in hohen Preisen niederschlägt.

CHATEAU LAFITE
Bon DE ROTHSCHILD, Propriétaire
1893
BORDEAUX

Ob ein Lafite aus dem Jahr 1893 (Abb. links), 1832 (Abb. oben links) oder 1875 (Abb. oben rechts) heute noch mit Genuß getrunken werden kann, ist letztendlich eine Glücksache. Doch die ehrwürdigen Flaschen zieren in der Regel ohnehin nur die Regale vermögender Sammler.

Einen nicht unwesentlichen Anteil am Ruhm der Lafite-Weine hat deren Ausbau in den sogenannten Barriques. Bei Lafite werden für die Reifung des Weins jedes Jahr rund 1000 neue Eichenfässer benötigt. In ihnen erst entwickelt der Wein seine wunderbare Tiefe und Finesse.

gut hielten, um in der großen Klasse der Namenlosen quasi unterzugehen. Zwar galt diese Klassifikation noch Jahre danach nicht gerade als Heiligtum. Niemand ahnte, daß sie in diesem starren Schema so lange bestehen würde. Aber mit der Zeit festigte sich ihr Ansehen und damit auch ihre Ausstrahlungskraft. Davon profitierten die klassifizierten Güter, die allein deshalb schon höhere Preise für ihre Weine verlangen konnten - und bekamen -, weil sie in einer der Klassen aufgeführt waren. Auf dem Etikett prangte dann »Premier Grand Cru Classé« oder zumindest »Grand Cru Classé«, ebenso image- wie verkaufsfördernd.

Crus Bourgeois: »Bürgergewächse«

Lange Zeit ballten die enttäuschten Winzer nur die Faust in der Tasche, doch 1932 wurde man tätig und setzte wenigstens eine Liste der Crus Bourgeois durch, in der 444 Médoc-Weingüter Aufnahme fanden. Das war die erste Klassifikation der sog. Bürgergewächse, die heute noch gilt, obwohl das Syndikat der Crus Bourgeois bereits 1940 auseinanderfiel - als Folge der Wirtschaftskrise.

Als dann 1962 beschlossen wurde, das Syndikat der Crus Bourgeois du Médoc erneut ins Leben zu rufen, bestand die erste Amtshandlung darin, die 444 ehemaligen Mitglieder der 1932er Klassifikation ausfindig zu machen. Drei Viertel von ihnen hatte jedoch aufgegeben, nur 110 Produzenten waren übriggeblieben. Davon entschlossen sich 94, dem neuen Syndikat beizutreten. Heute umfaßt die Liste, die 1966 erstmals veröffentlicht und 1978 überarbeitet wurde, immerhin wieder 142 Châteaus.

Allerdings gibt es auch einige Bürgergewächse, die sich allein auf die 1932er Liste berufen, während andere sich gar nicht erst reaktivieren ließen, weil sie darauf hoffen, daß der Gesetzgeber irgendwann doch einmal die klassische Médoc-Klassifikation von 1855 reformieren wird und sie dann Aufnahme in den Adel der Grands Crus Classés finden.

Für eine Neuordnung der 1855er Liste gibt es allerdings keine konkreten Anzeichen. Dem Weinfreund mag das ziemlich egal sein, denn ob nun Grand Cru Classé, Cru Bourgeois oder überhaupt nur der Name des Château auf dem Etikett steht: Hauptsache ist, daß der Wein Klasse hat. Wer beim Einkauf halbwegs sichergehen will, muß sich vorher so detailliert wie möglich über die einzelnen Weingüter informieren und durch Probieren herausfinden, welcher Stil ihm zusagt.

Bei den Bürgergewächsen sind jedenfalls noch reizvolle Entdeckungen möglich; diese Weine bieten oft das beste Preis-Qualitäts-Verhältnis, denn einige der Crus-Bourgeois-Besitzer haben den brennenden Ehrgeiz, mit ihren Weinen mit denen der Grands-Crus-Classés-Nachbarn qualitativ gleichzuziehen.

In Pauillac gibt es folgende Crus Bourgeois (»Bürgergewächse«):

Château La Becasse
Château Bellegrave
Château Belle Rose
Château Colombier-Monpelou
Château La Couronne
Château La Fleur-Milon

Château Fonbadet
Les Forts de Latour
Château Gaudin
Château Grand Canyon
Château Grand-Duroc-Milon
Château Haut-Bages-Averous
Château Haut-Bages-Monpelou
Château Haut-Padarnac
Château Haut-Pauillac
Château Padarnac
Château Pibran
Château Plantey
Château La Tour l'Aspic
Château La Tour Pibran

Schließlich gibt es noch die sogenannten *Crus Artisans* und *Crus Paysans* – »Handwerks- und Bauerngewächse« –, die ihre Weine teils im eigenen Betrieb ausbauen, teils an Genossenschaften verkaufen. Die in Pauillac ansässige Genossenschaft (Cave Coopérative La Rose Pauillac) erzeugt den größten Teil ihrer Weine unter dem Etikett *La Rose Pauillac.*

Grands Crus Classés – Crus Bourgeois: Der feine Unterschied

Wie unterscheiden sich, summarisch gesehen, die Crus Bourgeois von den Grands Crus Classés, und was sind die Ursachen für den Unterschied? Läßt man die Ausnahmen beiseite, also jene »Bürgergewächse«, die qualitativ sowieso in die Klasse der Hochgewächse gehören, so kann man feststellen, daß die Grands-Crus-Classés-Weine deutlich mehr Eleganz, Tiefe und Länge haben. Sie sind reicher in Duft und Geschmack, nuancierter in den Feinheiten, stärker im Abgang, länger haltbar. Alles Eigenschaften, die sich mit den Jahren der Reife noch verstärken.

Die Bürgerweine sind in der Regel früher trinkreif und leichter in der Struktur, zudem haftet ihnen nicht selten bis ans Ende ein rustikaler Ton an. Während große Gewächse im Alter immer feiner und delikater werden, gewinnen kleine Weine nichts hinzu. Ein großer Rotwein altert, ohne alt zu werden, ein kleines Gewächs bekommt früh Runzeln und schmeckt mit fünf oder sieben Jahren schon fade, spröde, wie ausgezehrt.

Gemeinhin verfügen die Grands-Crus-Classés-Güter über die besseren Böden. Klar, daß es auch hier Ausnahmen gibt und die Rebwurzeln von so manchem Bürgergut sich unter der Erde mit denen des hochklassifizierten Nachbarn treffen. Doch dank ihrer finanziellen Überlegenheit (nicht zuletzt eine Folge der wesentlich höheren Preise, die sie für ihre Weine bekommen) können die Grands-Crus-Classés-Winzer wesentlich aufwendiger und qualitätsstrenger produzieren.

Das beginnt bei der Ernte, bei der strenger selektiert werden kann. Wer es sich leisten kann und will, deklassiert Trauben, die ihm nicht gut genug dünken für den Hauptwein, der unter dem Château-Etikett abgefüllt wird. Beim Jahrgang 1987, der teilweise ziemlich mißriet, weil Regen in die Ernte hineinplätscherte, haben Nobelgüter wie Lafite-Rothschild oder Lynch-Bages bis zur Hälfte der Ernte aussortiert. Die verschmähten Trauben wurden unter der zweiten Marke verkauft oder anonym an den Handel weitergegeben.

Finanzstarke Güter haben zudem die Möglichkeit, ihre Weine lange genug im eigenen Keller reifen zu lassen. Das bindet Kapital. Moderne Anlagen kosten überdies viel Geld. Und schließlich leisten sich, von wenigen »Bürgergewächsen« abgesehen, nur klassifizierte Güter den kostspieligen Luxus, jede Ernte weitgehend oder zu 100 Prozent in neuen Eichenfässern auszubauen. Die Bürgergüter verwenden vielfach gebrauchte Eichenfässer, die sie von Grands-Crus-Classés-Gütern übernehmen.

Die Grands Crus Classés auf dem Prüfstand

Da nicht abzusehen ist, wann und ob jemals überhaupt eine offizielle Korrektur der Klassifizierungsliste stattfinden wird, ist es wohl angebracht, sich einige Gedanken über Verschiebungen innerhalb dieser Pauillac-»Hitparade« zu machen. Doch zuvor sei an einen Ausspruch des traurigen, stets leidend blickenden Popkünstlers Andy Warhol erinnert, der einmal gesagt hat, jeder Mensch habe 15 Minuten Glorie in seinem Leben. Das gilt mehr oder weniger auch für den Wein. Wein lebt, was bedeutet, daß er auch stirbt – der eine früher, später der andere. Wie er es tut, ob übellaunig oder charmant, ob in Ehren oder als Essig, das hängt von seiner Herkunft ebenso ab wie von der Qualität der Lagerung.

Es gibt Weine, die sind von Haus aus so schlecht, daß sie nie einen Höhepunkt haben werden. Etliche Gewächse reifen schnell, nähern sich im Sprinttempo ihrer Bestform, die

*Grands Crus Classés – Versuch einer Neubewertung**

Premiers Grands Crus Classés	
Château Lafite-Rothschild	→
Château Latour	→
Château Mouton-Rothschild	→
Deuxièmes Grands Crus Classés	
Château Pichon-Longueville Baron	→
Château Pichon-Longueville-Comtesse de Lalande	↗
Quatrièmes Grands Crus Classés	
Château Duhart-Milon	→
Cinquièmes Grands Crus Classés	
Château Pontet Canet	↗
Château Batailley	→
Château Haut-Batailley	↗
Château Grand-Puy-Lacoste	↑
Château Grand-Puy-Ducasse	→
Château Lynch-Bages	↑
Château Lynch-Moussas	→
Château Mouton-Baronne-Philippe	→
Château Haut-Bages-Libéral	→
Château Pédesclaux	→
Château Clerc-Milon	→
Château Croizet-Bages	→

* Zeichenerklärung (Veränderung der Weinqualität, gemessen an den vergangenen zehn Jahren): ↑ = stark steigende Tendenz; das Gut müßte heute deutlich höher eingestuft werden; ↗ = leicht steigende Tendenz; → = gleichbleibend; das Gut ist korrekt plaziert.

sie nur kurz halten, bis es steil bergab geht. Dagegen benötigen die Marathonweine lange Zeit bis zur Reife. Ihr Höhepunkt kann jahrelang anhalten, und sanft setzt der Prozeß des Alterns ein, behutsam verlaufend bis zum Ende.

Jeder Wein ist so stark, so mittelmäßig oder so schwach wie – in der Summe – die Moral der Personen, die für ihn verantwortlich sind. Das erklärt auch die großen Schwankungen, denen Weingüter oft ausgesetzt sind, besonders nach einem Führungswechsel. Auch die Güter in Pauillac sind selbstverständlich nicht vor qualitativem Auf und Ab gefeit. Unsere Graphik (siehe S. 38) soll – bündig und vereinfacht – auf einen Blick vermitteln, wo die klassifizierten Châteaus zur Zeit einzuordnen sind.

Es ist ein geschmackliches Ereignis, einen ausgereiften Premier Grand Cru Classé zu trinken. Der Genuß ist allerdings sündhaft teuer geworden, für den Normalverdiener kaum mehr zu bezahlen. Ob eine Flasche Rothschild mehrere hundert Mark wert ist, kann mit dem Verstand allein sowieso nicht bündig beantwortet werden. Da beginnt die Liebhaberei. Doch gibt es unter den vierten und fünften Gewächsen sowie vor allem unter den Crus Bourgeois Weine mit ausgezeichnetem Preis-Qualitäts-Verhältnis.

Pauillac durch die Jahre

Beim Wein hat jeder Jahrgang seinen ureigenen Charakter. Noch nie hat es zwei qualitativ identische Ernten gegeben, allenfalls einander ähnliche. Jeder Jahrgang hat unverwechselbare typische Merkmale.

Da gibt es Muskelprotze und Zwerge, bezaubernde Charmeure, die von Anfang an gefallen, Blender, Strahler, schlanke Eleganz, füllige Matronen, säuerliche Kümmerlinge, Langweiler, Sorgenkinder, Temperamentsbolzen und Spätentwickler, die in ihrer Jugend so abweisend sind wie die Eiger Nordwand im Winter. Weine können zickig sein wie alte Tanten, pfiffig wie Kobolde, schüchtern wie Erstkläßler, tief und weise wie Philosophen.

Sinn und Problematik von Jahrgangsbewertungen

Jeder Jahrgang hat seine Mysterien. Die kleinklimatischen Verhältnisse können dafür sorgen, daß die Weine einander benachbarter Güter im selben Jahr unterschiedlich ausfallen. Die Qualität des Produkts hängt von der Weinbergspflege ebenso ab wie vom Alter der Rebstöcke – je älter, desto konzentrierter und zugleich feiner –, dem Wetter und dem Ausbaustil. Ein schlechter Kellermeister macht selbst aus guten Trauben nur einen durchschnittlichen Wein, während einem Qualitätsfanatiker auch in mäßigen Jahren ein passabler Wein gelingen wird. Dank moderner Kellertechnik, verbunden mit strenger Selektion, kann auch mageren Jahrgängen ein gutes Gewächs abgetrotzt werden.

Dennoch haben Jahrgangsbewertungen ihre Berechtigung. Zwar hat die punktemäßige Erfassung von Jahrgangsqualitäten ihre Unzulänglichkeiten. Allgemeingültige Werte vermitteln sie nicht. Vollen Herzens läßt sich nur einer recht butterweich formulierten These zustimmen: Nicht jeder Wein eines berühmten Jahrgangs ist gut, aber auch nicht jeder Wein aus einem miesen Jahrgang schlecht. Es lebe die Differenzierung, und die sitzt eben zäh im Detail. Aber die Jahrgangsfibeln taugen als praktisches Handwerkszeug, sofern man sie nicht in blinder Ergebenheit handhabt, sondern als Richtschnur nutzt.

Pauillac – Jahrgangsbewertung

Trinkreif sind die Weine folgender Jahrgänge: 1980, 1979, 1976, 1974, 1973, 1971, 1967, 1966, 1964, 1962, 1961 und älter.

Weine folgender Jahrgänge sind teilweise bereits mit Genuß trinkbar, etwas mehr Reife tut ihnen allerdings gut: 1981, 1978, 1975, 1970.

Weine, die noch der Reife bedürfen: 1986, 1985, 1984, 1983, 1982.

Die Jahrgänge im einzelnen:

1988: Verspricht ein guter bis sehr guter Jahrgang zu sein.

1987: Mittlerer Jahrgang mit Weinen, die sich schnell entwickeln werden. Weine von leichter bis mittlerer Struktur, in der Regel säurearm und frühreif. Vorsicht: Nur jene Güter, die streng die unreifen von den reifen Trauben aussonderten, bringen akzeptable Weine auf den Markt.

1986: Guter bis sehr guter Jahrgang. Die Cabernet-Reben haben sich schön entwickelt. Konzentriert in Frucht und Tannin. Lange haltbar.

1985: Sehr gutes Jahr. Elegante Weine, im Typ vergleichbar den feinen 1953ern. Lange haltbar.

1984: Eher kleines Jahr mit teilweise aggressiver Säure. Fast ein reines Cabernet-Jahr, weil die Merlot wegen Verrieselung ausfiel. Insofern eine Rarität für Sammler. Die guten 84er verfügen über eine frische, markante Fruchtigkeit.

1983: Gut bis sehr gut. Intensive Farbe, konzentrierte Frucht. Ein charaktervoller Jahrgang, lange haltbar.

1982: Ausgezeichnetes Jahr. Weine mit konzentrierter und reich nuancierter Frucht. Die kleinen Gewächse lassen sich bereits mit Vergnügen trinken, denn die üppige Frucht bindet die Gerbsäure sozusagen mollig ein. Auch einige der großen Crus bereiten schon Genuß, doch werden sie noch fünf bis zehn Jahre Reife benötigen.

1981: Elegante Weine; nicht so opulent wie 1982, nicht so fest wie 1978, aber mit Rasse und Finesse. Ein klassischer

Médoc-Jahrgang mit feinem Tanningerüst. Die besten Gewächse lassen sich mit 1966 vergleichen. Anfangs wurde der 81er vielfach unterschätzt, weil im Schatten des mächtigen 82ers stehend. Gut haltbar.

1980: Mittlerer Jahrgang mit teilweise hübschen Weinen; Fruchtcharme. Durchweg auf dem Höhepunkt; die großen Crus haben noch Kraft für einige Jahre.

1979: Volle Weine, überwiegend bereits gut entwickelt. Eher gefällig als rassig, noch gut haltbar.

1978: Ein Klassiker. Sehr gute Weine, fest in der Struktur, noble Frucht. Lange Haltbarkeit; die großen Crus sind noch ziemlich verschlossen.

1977: Schwaches Jahr. Leichte, vielfach dünne Weine ohne Stil.

1976: Weine mit geschmeidiger Fülle. Die meisten Gewächse sind nahe dem Höhepunkt, einige vollreif.

1975: Großes Jahr, mit kräftigen, tanninreichen Weinen. Das läßt die Weine zur Zeit hart wirken. Ein gespaltener Jahrgang. Teils sind selbst klassifizierte Gewächse bereits gut trinkbar; sie haben Fülle und Kraft. Das Gros ist freilich noch stark von der Gerbsäure geprägt und benötigt Reife.

1974: Kleines Jahr. Den Weinen fehlt es an Frucht, Rasse und Charme.

1973: Mittleres Jahr. Einige Weine hatten hübsche Frucht, doch ohne Substanz. Nur Ausnahmen haben sich noch gehalten.

1972: Sehr mageres Jahr. Kleine, säurebetonte Weine. Vergessen.

1971: Aparte Weine, reizvolle Fruchtigkeit. Die Weine sind ausgereift, teils bereits auf dem Wege abwärts.

1970: Großes Jahr. Klassiker. Weine mit konzentrierter Frucht und Festigkeit. Die besten haben noch eine lange Zukunft vor sich.

1969: Schwach. Es fehlt an Körper und Frucht. Vergessen.

1968: Ausgesprochen schwach. Absolut zu vergessen.

1967: Mittleres Jahr mit einigen guten Weinen. Die besten haben gute Frucht, aber nicht die Eleganz des 1966ers. Ausgereift.

1966: Sehr gutes Jahr. Weine mit konzentrierter Frucht und Rasse; klassischer Médoc-Stil. Die guten Gewächse zeigen jetzt, was in ihnen steckt. Noch gut haltbar.

1965: Katastrophenjahr. Regen, Fäulnis; zu vergessen.

1964: Regen während der Ernte zerstörte die Hoffnung auf einen Superjahrgang. Nur wer früh erntete, dem gelangen schöne, aromatische Weine (wie Château Latour).

1963: Extrem schlecht. Negativ vergleichbar mit 1965 und 1968.

1962: Gutes Jahr. Anfänglich unterschätzt, weil im Schatten seines großen Vorgängers stehend. Feinfruchtige Weine mit Charme. Ausgereift.

1961: Gilt als Jahrhundertjahrgang. Konzentrierte, dichte Frucht mit kräftigem, elegant gereiftem Tannin. Das Gros ist ausgereift, die besten haben noch eine gute Zukunft (Château Latour ist immer noch verschlossen).

1960: Kleiner bis mittlerer Jahrgang. Ausgereift, vom Markt praktisch verschwunden.

1959: Sehr großer Jahrgang. Ein Klassiker voller Fleisch; tief und konzentriert. Noch lange haltbar.

Ältere, gute bis sehr gute Jahrgänge: 1955, 1953, 1952, 1949, 1947, 1945, 1943, 1937, 1928, 1929, 1924.

Das Starren auf Jahrgangstabellen sollte von gesunder Skepsis begleitet sein. Das sind Richtlinien, nichts mehr. Zwar kann man davon ausgehen, daß der Wein eines hoch eingeschätzten Jahrgangs besser ist und länger hält als das Gewächs aus einem mageren Jahr. Aber tatsächlich gibt es heute dank moderner Kellertechnik sowie strenger Selektion der Trauben so gut wie keinen verlorenen Jahrgang mehr. Der Liebhaber wird also selber jedes Jahr herauszufinden suchen, welches Gut die ihm genehmen Weine erzeugt hat.

Alte (Pauillac-)Weine: Verhätschelte Kinder der Gesellschaft

Seit ein Stück Ochsenschwanz, von Meisterhand artig mit Gänseleber gefüllt, wie Literatur rezensiert wird und Intellektuelle nicht mehr erröten, wenn sie bei einem kulinarischen Techtelmechtel ertappt werden, sind auch alte Weine zum Objekt gesellschaftlicher Begierde geworden. Im Sog des deutschen Küchenwunders, das aus den »Krauts« gleichsam über Nacht »Choucrouts« gemacht hat, wurde es ritzy, alte Weine zu sammeln. Nicht wenige Reiche entdeckten in den Methusalems ein neues Trimmfeld für ihre Unterhaltung. Und da dürfen natürlich Größen wie Latour, Lafite-Rothschild oder Mouton-Rothschild nicht fehlen.

Wenn Rodenstock zum Lafite bittet

Die Deutschen haben inzwischen Weltgeltung in der (noch) nichtolympischen Disziplin des Sammelns und Degustierens alter Weine. Wenn etwa der international bekannte Raritätensammler Hardy Rodenstock zu seinen schon legendären Cercles einlädt, vernachlässigen Weinfreunde aus Wien, Paris, London, München und Los Angeles nebst Geschäften ihre Frauen, um dabeizusein. Immerhin werden dann Weine entkorkt, die 100 und mehr Jahre alt sind.

Mit alten Weinen ist allerdings nicht zu spaßen. Alter ist nämlich auch in der Flasche nicht von vornherein ein Verdienst. Denn »grau, teurer Freund, ist alle Theorie, und grün des Lebens goldner Baum«, heißt es in der Schülerszene bei Faust, und genau das gilt für alte Weine. Flaschen des gleichen Jahrgangs und der nämlichen Herkunft können unterschiedlich sein wie Tag und Nacht. Der eine Wein hat vielleicht zeit seines Lebens in einem guten Keller gelegen, der andere ist durch die Welt vagabundiert, von einem Händler zum nächsten. Dennoch oder vielleicht gerade deshalb, weil alte Weine sich nicht programmieren lassen, sind sie ein aufregender Zeitvertreib in einer ansonsten stur nach Schema F verwalteten Welt.

In Ehren gealterte Methusalems vermögen zu bezaubern, weil sie sanft sein können wie ein Kuß. Sie haben jenen unbeschreiblichen Hauch von dezenter Lieblichkeit, eine Art Todessüße, die man nur bei großen alten Rotweinen findet. Es ist, als räkelten sie sich noch einmal vor dem Verblühen - vergleichbar der melancholischen Abschiedsstimmung im Herbst, wenn im November die Sonne einen Scherz macht und ein letztes Mal so warm scheint wie im Juli. Andererseits gibt es verschrumpelte Flaschengreise, die widerwärtig riechen, nach Moder, verschimmeltem Stroh oder beißend wie Aceton, und die fade schmecken, marode, disharmonisch, schlimmstenfalls wie Essig. Amen.

Wein lebt, was bedeutet, daß er auch stirbt. Irgendwo zwischen Geburt und Tod hat er seinen Höhepunkt, auf dem er sich eine Zeitlang hält. Wann er das Ungestüme der Jugend abgelegt und in seine besten Jahre kommt, das läßt sich nur über den Daumen peilen. Jeder Wein altert anders, und wie er es tut, ob schnell oder langsam, übellaunig oder heiter, hängt von vielen Faktoren ab. Nur die wenigsten Weine eignen sich fürs Hinlegen – hier sind an vorderster Stelle die Pauillac zu nennen –, weitaus die meisten sollten jung getrunken werden.

Am längsten leben Trockenbeerenauslesen – egal, ob vom Rhein, von der Mosel, aus Sauternes oder Neusiedler See, ob Tokajer oder Vouvray – und halt die klassischen Roten aus Bordeaux. Darunter sind Weine, die, beste Lage und gutes Jahr vorausgesetzt, auch nach 30 und mehr Jahren noch keine Runzeln haben. Allgemeingültige Werte gibt es freilich nicht. Alte Weine sind ein Mysterium, die Ausnahme ist eher die Regel als umgekehrt.

Freilich muß man höllisch aufpassen. Die Spekulation blüht, und auf dem Markt tauchen alte Weine auf, deren Herkunft oftmals dunkel ist. Manche dieser Flaschen haben wahre Weltreisen hinter sich mit der trüben Folge, daß sie durch das kommerzielle Hinundhergeschiebe vorzeitig kollabierten. Beim Erwerb eines alten Mouton-Rothschild beispielsweise muß man deshalb nicht nur vorsichtig sein, will man später, wenn die Stunde des Öffnens und der Wahrheit kommt, nicht sein persönliches Waterloo erleben, sondern auch ein Quentchen Glück haben.

Speziell bei den Rothschild-Gewächsen muß man damit rechnen, daß sie schon durch viele Hände gegangen sind. Und längst nicht jeder Händler verfügt über perfekte Lagerräume. Vor allem Etikettensammler, denen der Inhalt ziemlich egal ist, sündigen oft gegen den Wein.

Degustationsnotizen zu ausgewählten Pauillac-Weinen

Doch zurück zu Harry Rodenstock: Ungemein behutsam, als gelte es, einen eingeseiften Luftballon zu rasieren, setzte er jüngst im Kreise von Kennern den Korkenzieher an. Dem ersten sanften Druck hielt der mehr als 100 Jahre alte Originalkorken noch stand, dann begann er zu bröseln, so daß Rodenstock ihn mit einem beherzten Schubs seines kleinen Fingers in die Flasche gleiten ließ. Das klang, als würde man einen Kirschkern zwischen Daumen und Zeigefinger wegflutschen, doch dem 1864er Château Lafite-Rothschild bekam diese Behandlung besser als tausend Brösel, zumal der Wein sofort in eine Karaffe umgefiltert wurde.

Eine gleiche Flasche dieses großen Jahrgangs ist in London für mehr als 20000 DM versteigert worden, doch Rodenstock, der nicht mit dem Brillenfabrikanten verwandt ist, war lange davor im Schloßkeller eines schottischen Lords fündig geworden, wo der 1864er seit Jahrzehnten in Frieden ruhte. Die Skepsis war groß, würde diese Rarität noch gut sein?

Der Lafite schmeckte vom ersten bis zum letzten Schluck einfach wunderbar: perfekt duftend und erfüllt vom leicht morbiden Charme des Alters, wie ihn außergewöhnliche Rotweine haben, die unter besten Bedingungen reiften und noch einmal alles hergeben. Das war sozusagen ein Luis Trenker des Weins. Schwermut schwang beim Trinken mit, scheu wie das Adagio einer Viola d'Amore.

Da bedurfte es nicht der Kraft der Phantasie, um sich den Wein gleichsam schön zu trinken. Er war es, wie auch der 1928er Château Latour, ein Ausbund an Kraft und Eleganz, der 1848er Mouton-Rothschild, der 1945er Latour, der 1955er Lynch-Bages, der 1928er Pichon-Longueville-Baron oder der 1953er Pichon-Longueville-Comtesse de Lalande.

Eine Schönheit von Rang ist der Lafite-Rothschild des ungewöhnlich heißen Sommerjahres 1947: zart, klar und dennoch voll im Geschmack, ein Wein mit Finesse. Das galt aber nur für die zweite Flasche, die entkorkt und sogleich getrunken wurde, wogegen die erste, die man zu früh geöffnet und zu lange der Luft ausgesetzt hatte, schon verschämt adieu sagte. Der viele Sauerstoff hatte den Wein vorzeitig oxydieren lassen. Ziemlich sicher kann man sich beim 1961er Château Latour sein. Der ist noch immer verschlossen, fast hart und reich an Tannin – wann wird er sich öffnen, tut er es je? Dagegen entzückt bereits der 61er Pichon-Lalande durch eine ungemein zarte Süße und einen delikaten Nachgeschmack.

Wunderbar schmeckt der 1962er von Latour; der Wein hat ein feines Bukett und einen ideal gerundeten Körper. Ein Genuß ist auch der 1962er Lafite-Rothschild: hübsches Rot mit leichtem Orange, warmes Bukett, gut strukturierter Körper mit langem Abgang und – für Lafite ungewöhnlich – fast ein bißchen streng.

Bei Latour beeindrucken ferner die Jahrgänge 1964 (immer noch reich und fest, wohl der Jahrgangsbeste), 1970 (tiefdunkel, starkes Bukett, völlig zugeknöpft), 1971 (üppig, doch etwas spröder Abgang), 1975 (delikates Bukett; dichte, kräftige Fülle; noch tief schlafend), 1976 (schöne Frucht, dabei nicht so parfümiert gefällig wie viele andere dieses überreifen Jahrgangs – da schlägt die Männlichkeit Latours besonders positiv durch) und 1978 (Fülle und eine für Latour geradezu bezaubernde Finesse; das liegt wohl am »weichen« 78er Jahrgang, der sich schöner entwickelt hat als von Experten anfangs prognostiziert).

Daß alte Weine kapriziös sind wie die Prinzessin auf der Erbse, zeigt sich bei jeder Probe. Weine desselben Jahrgangs und derselben Herkunft können unterschiedlich sein wie Tag und Nacht. So schmeckten beispielsweise zwei 1927er Château Latour gegensätzlich: flach, ohne Glut und Kraft der eine, elegant mit wunderschönem Bukett und ausdrucksvoll der andere. Kein Wunder, daß zwei Weinfreunde, die an entfernten Tischen saßen und aus der jeweils anderen Flasche eingeschenkt bekamen, einander für Idioten, mindestens jedoch für Geschmackszwerge hielten, weil die beiden Flaschen so stark in der Güte differierten.

Selbst der sagenhafte 1945er schützt nicht vor moribunden Flaschen. Lafite hat ebenso oft enttäuscht wie Mouton. Zwar gibt es den 1945er Mouton-Rothschild, der nach einem ganzen Beet voller Früchte duftet und dessen füllige Kraft den Gaumen beben läßt, doch bei etlichen Flaschen ist diese sagenhafte Üppigkeit nur noch in Spurenelementen vorhanden. Sozusagen der Kaiser dieses Jahrgangs ist Latour, ein Château, dessen gleichbleibende Güte fasziniert. Die Weine von Latour reifen spät und haben etwas, was man – frei von patriarchalischen Komplexen – als erhabene Männlichkeit bezeichnen kann.

Nun darf man das Ergebnis solcher Proben natürlich nicht absolut sehen, auch wenn die Rothschilds, diese heiligen Kühe des Pauillac, selten bei direkten Weinvergleichen vorne liegen (vom 1953er und 1959er Lafite einmal abgesehen), was leicht zur Häme führt. Man spricht, als habe man es schon immer gewußt, von Überbewertung, übersieht dabei aber, daß gerade diese Weine – speziell der Mouton ab 1945 wegen seiner künstlerisch gestalteten Etiketten – zu den verhätschelten Lieblingen der Etikettetrinker gehören und so etwas wie die bevorzugten Spielbälle des Marktes sind. Sie zigeunern besonders oft kreuz und quer durch die Kontinente, ehe sie schließlich getrunken werden. Dann sind sie nicht selten schon ermattet von den vielen Wechselbädern.

Wie ein Damoklesschwert hängt über jedem ersten Schluck die bange, adrenalinfördernde Frage, ob der alte Bursche noch was taugt oder nicht, ob er dich vor Glück singen läßt oder du ihn wegschütten mußt, weil selbst die großmütige, kleine Fehler tolerierende Barmherzigkeit des Liebhabers vor der bläßlichen, glanzlosen Flüssigkeit, die nur noch Vergangenheit ist, kapitulieren muß. Sollte es jedoch ein Wein von leuchtender Farbe sein, mit Tiefe, Eleganz und einem Duft, daß man seine Nase wie unter Zwang immer wieder steil ins Glas reckt, dann rutscht der Mensch zwischen Demut vor diesem Geniestreich der Natur und dem Hochmut, vielleicht weltweit der einzige zu sein, der ihn trinkt, hin und her.

Es ist schon so, daß Gott in einem Wein sein kann, aber trotzdem sollte man sich den Methusalems furchtlos nähern, ohne übertriebene Ehrfurcht oder gar Frömmelei. Nur keinen Tanz ums goldene Kalb daraus machen, wie es manche Weinpfaffen mit ihrem liturgischen Dreisprung tun: Kerze an, Licht aus und Helm ab zum Gebet. Davon wird der Wein nicht besser. Auf legere Art hat einmal der Baron Elie de Rothschild die Frage beantwortet, wie man seinen Lafite trinken solle: »Schlabber, schlabber, weg damit.« Freilich, der Baron hat genug davon im Keller!

Alte Pauillac-Weine und Auktionen

Die Preise für ältere und alte Pauillac-Weine tendieren nach oben. Für Spitzengewächse muß teilweise bis zu einem Drittel mehr als noch vor fünf Jahren bezahlt werden. Ausgesprochene Himmelstürmer sind Flaschen der exzellenten Jahrgänge 1959 und 1961. Vieles wird auf Auktionen umgeschlagen, doch Vorsicht: Bei den Methusalems lohnt es sich allemal, Preise zu vergleichen und nicht – wie es vor allem Anfängern passiert – angesichts einer vermeintlich fetten Beute die Nerven zu verlieren.

Bei Auktionen ist neben einer gebündelten Portion Nervosität stets auch eine Mischung aus Euphorie und Melancholie zu spüren. Die einen sind glücklich, Raritäten erstanden zu haben, während andere das Nachsehen haben. Und Trübsinn ist auszumachen bei Sammlern, die sich von ihren Kollektionen trennen und erleben müssen, wie das, was sie über viele Jahre hinweg mit Engagement und Liebe gesammelt haben, auseinandergerissen wird. Das gilt für Bilder, Möbel und Bücher wie für Wein: Lange Lebensläufe enden abrupt mit einem Hammerschlag in einer simplen Zahl.

Als Fußnote in die Weingeschichte wird die mit erheblichem Tamtam annoncierte Versteigerung von Weinen des berühmten Pariser Restaurants »Ledoyen's« eingehen. Ein gut Teil der Flaschen ist zu Preisen versteigert worden, die deutlich über denen des Handels lagen. Es glich einer Groteske, wie Laien die Hände hochhielten und Weine ersteigerten, die sie gleich nebenan, in London oder bei deutschen Importeuren weit günstiger hätten bekommen können. Amerikaner verschenkten ebenso Geld wie Europäer und Japaner, die zunehmend Interesse an französischen und deutschen Spitzenweinen zeigen. Auch Araber haben offenbar Spaß an großen Rotweinen bekommen.

David Molyneux-Berry, bei Sotheby's für Flaschen zuständig, ist der Ansicht, daß weltweit das »Interesse an Wein steigt wie das an alten Gemälden«. In die gleiche Kerbe schlägt Michael Broadbent, der Direktor der Weinabteilung von Christie's, ebenfalls London: »Alte Weine werden nie knapp, und Käufer wird es auch immer geben.« Überzeugt davon, daß »die Nachfrage jetzt erst so richtig losgeht«, ist Hardy Rodenstock, der allerdings nicht nur zu seinem Privatvergnügen sammelt, sondern inzwischen auch mit Weinen handelt. Sein Schwerpunkt sind spezielle Großflaschen (von der 1,5 Liter fassenden Magnum aufwärts) und »Weine vor 1900«.

Der international erfahrene Rodenstock hat ebenfalls registriert, daß sich finanzstarke Interessenten aus Japan, Hongkong und den arabischen Scheichtümern für alte Spitzengewächse erwärmen. Dieser Klientel kommt es nicht auf eine Mark mehr oder weniger an – sie scheut weder vor 3600 DM für eine Jéroboam (4,5 Liter) 1966er Château Mouton-Rothschild noch vor 10000 DM für eine normale Flasche 1846er Château Lafite-Rothschild zurück.

Hat man einen solchen Wein nun für viel Geld ersteigert, so kann man leicht eine böse Überraschung erleben, sofern der Wein von seinem früheren Besitzer falsch gelagert wurde. Trockene Luft beispielsweise schadet dem Korken. Der verliert, weil nicht permanent weinumspült, an Elastizität, er wird porös und nach beiden Seiten durchlässig, so daß verstärkt Luft an den Wein kommt, was die Oxydation forciert und den Wein früher, als es vom Schicksal geplant war, altern und sauer werden läßt. Gleichzeitig verdunstet Wein, was mit freiem Auge am sogenannten Schwund festzustellen ist, wie man die Differenz zwischen Korken und Weinoberfläche nennt.

Je größer das Vakuum in der Flasche ist, um so lebensbedrohlicher wirkt sich das auf die Güte des Weines aus. Das sich stetig vergrößernde Luftloch ist vergleichbar mit einer Todesdroge, die unaufhaltbar - es sei denn, die Flasche würde neu verkorkt - ihr Vernichtungswerk betreibt. Seriöse Händler und Auktionshäuser beschreiben deshalb den Zustand alter Flaschen, indem sie Auskunft geben, ob der Wein auf dem Château abgefüllt worden ist, ob er neu verkorkt wurde, ob die Kapsel original ist. Beschrieben werden der Zustand des Etiketts sowie die Füllhöhe.

Dabei kommt es freilich schon mal zu seltsamen Irritationen. So mancher Käufer hat bei Flaschen, die er mit »Low Neck« oder »High Shoulder« angepriesen bekam und deswegen vertrauensvoll erwarb, zu Hause feststellen müssen, daß man ihm eine »Mid Shoulder« untergejubelt hatte. Absicht oder Versehen? Wer weiß das schon. Vielleicht ist es auch nur Kurzsichtigkeit, daß der eine noch »excellent level« konstatiert, was dem anderen als bedenklicher Schwund erscheint.

Dieses negative Beispiel soll nicht davon abhalten, auf Auktionen zu gehen. Es ist immer wieder aufregend und auch lehrreich, sich bei Versteigerungen umzuschauen. Man sammelt Erfahrungen, trifft interessante Leute und hat die Chance, ein Schnäppchen zu machen. Weine, die weder einen klangvollen Namen haben noch aus einem Superjahr stammen, werden von denen, die prinzipiell nur hochklassifizierte Gewächse sammeln - sozusagen Weine mit Schulterband und großem Stern –, hochmütig links liegengelassen. Es muß ja auch nicht immer nur ein Pauillac-Spitzengewächs sein. Wer weiß schon, daß der 1947er Château Rouget aus Pomerol ein Klassewein ist und allenfalls ein Zehntel vom 1947er Château Lafite-Rothschild (rund 1000 Mark) kostet? »Château was?« werden da Rothschildianer zwar milde spottend fragen, aber sollen sie ruhig ihren Spaß haben, das tut dem Schnäppchen keinen Abbruch.

In London, der Weltstadt für alte Weine, finden jährlich rund 50 Auktionen statt: 36 bei Christie's, der Rest bei Sotheby's und International Wine Auctions. In Deutschland inszeniert das Züricher Haus Steinfels die attraktivsten Versteigerungen mit internationalen Raritäten. Den Weltrekord erzielte im Dezember 1985 eine Flasche 1787er »Lafitte«, wie der Vorläufer von Lafite-Rothschild hieß. Die Flasche, die aus dem Keller von Rodenstock stammte, der sie wiederum aus einem Nachlaß in Paris erstanden hatte, wurde bei Christie's für knappe 400000 DM an den spleenigen US-Verleger Christopher Forbes versteigert. Die 29 Zentimeter hohe und 9 Zentimeter breite Flasche, handgefertigt aus ambergrünem Glas, hat für die Amerikaner den Wert einer Reliquie, weil sie die Signatur »Th. J.« aufweist – offensichtlich war sie für Thomas Jefferson bestimmt, den amerikanischen Präsidenten und Liebhaber guter Weine. Christie's hatte die Flasche im Katalog als »unschätzbar« eingestuft.

Nun tauchen nicht selten Zweifel auf, wie echt solche uralten Flaschen sind. Einige Fälschungen haben das Mißtrauen verstärkt. Die »Jefferson«-Flasche hat ein professorales Zertifikat bekommen. Professor Eschenauer, der den

Korken mit einem Laser untersuchte, attestierte originales Alter. Die Form der Flasche, das Glas, die Gravur – alles stimmte laut Ansicht der Experten von Christie's. Als sensationell wurde übrigens der geringe Schwund empfunden, was wohl darauf hinweist, daß die Flasche all die Jahrzehnte über unter erstklassigen Bedingungen gelagert worden sein dürfte.

Wer auf wirklich alte Jahrgänge spitzt – etwa 50er Jahre und reifer –, wird kaum an Auktionen vorbeigehen können. Der renommierte Privatsammler Walter Eigensatz empfiehlt Neulingen allerdings, sich erst im Fachhandel zu orientieren und »die Sinne zu schärfen«, ehe man in die Auktionen hineingeht. Gleiches rät der Münchner Unternehmer Hans-Peter J. Frericks und sagt zugleich: »Das Sammeln ist wie eine Sucht, aber es macht Spaß, verrückt zu sein.«

Frericks hält es für wichtig, daß man sich erst einmal selber klar wird, welchen Typ Wein man mag und was man sammeln will: nur ein einziges Gut, nur Weine einer Region, nur Weißweine, Rotweine oder querbeet durch die Welt? Grob lassen sich die Weinkäufer in drei Kategorien einteilen: Die einen trinken, was sie erwerben, die anderen sammeln die Flaschen wie Briefmarken, ohne je daran zu denken, sie zu entkorken, und die dritten spekulieren auf steigende Preise, um dann die Flaschen wieder zu verkaufen.

Kataloge von Auktionen lesen sich wie ein Thriller: Noch vor zwölf Jahren war die Kiste des köstlichen 1966er Château Latour für 300 DM zu bekommen; heute muß dafür das Zehnfache hingelegt werden. Der 1966er Mouton, gleichfalls ein Genuß, der so manche Unbilden der

Schöpfung vergessen läßt, kostete vor einem Jahrzwölft um die 300 DM im Dutzend – inzwischen ist diese Wahl bis zu 3000 DM teuer. Da überrascht es nicht, daß die Weinmogule in Bordeaux ihre Nasen hoch tragen, noch ein paar Zentner Kies auf die Auffahrten vor ihre Schlößchen schütten lassen und heiter skandieren: Es lebe die Nachfrage!

Sie blüht. Bei Versteigerungen werden jedes Jahr viele Millionen über die Theke gejubelt. Ein Amerikaner bezahlte 56000 DM für eine Flasche 1806er Château Lafite – um die 100 DM pro winzigen Schluck. Daß der 1946er Château Mouton-Rothschild auf Auktionen einer der begehrtesten Weine ist und, sofern er auftaucht, für 10000 DM gehandelt wird, liegt daran, daß Weine aus diesem mageren Jahr sehr rar sind. Mouton ist besonders begehrt, weil Sammler die ab 1945 von Künstlern gestalteten Etiketten komplett haben möchten.

Füllhöhe – Entscheidungshilfe beim Auktionskauf

Die Füllhöhe ist bei alten Weinen eine wichtige Aussage. In Auktionskatalogen wird sie in der Regel angegeben, wobei die englischen Begriffe international üblich sind. Je besser die Füllhöhe, desto größer ist die Wahrscheinlichkeit, daß der Wein noch gut ist. Ausnahmen bestätigen freilich die Regel. Üblicherweise sind alte Weine nicht reklamationsfähig, wobei es vom Händler im Einzelfall abhängt, wie er reagiert. Unter »alt« in diesem Sinne werden Weine ab dem Jahrgang 1961 verstanden.

Normal: Weine bis zu den 60er Jahren sollten dieses Niveau haben.

Low Neck: Für Weine, die älter als 30 Jahre sind, akzeptabel. Mitunter ist der Schwund auch bei jüngeren Ge-

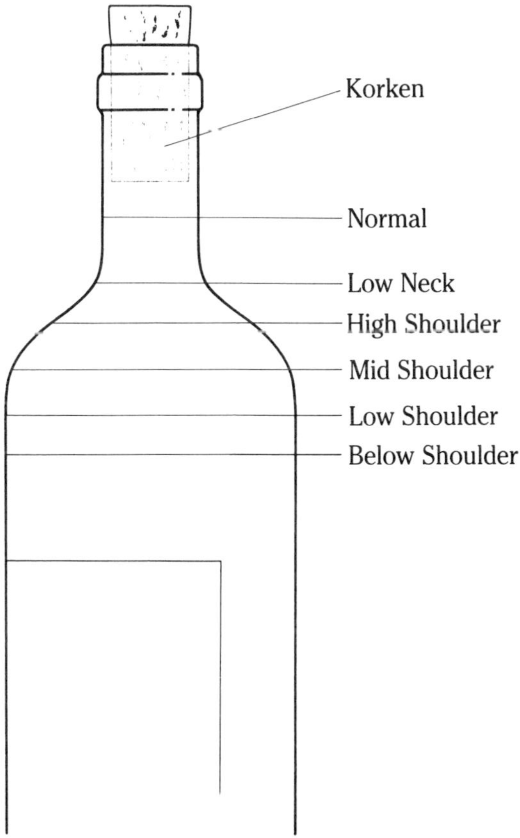
Korken
Normal
Low Neck
High Shoulder
Mid Shoulder
Low Shoulder
Below Shoulder

wächsen zu beobachten. Dann kann es auch die Folge eines porösen Korkens oder eines Mankos bei der Abfüllung sein.

High Shoulder: Akzeptabel bei Weinen, die um die 50 Jahre alt sind. Weisen jüngere Weine diesen Schwund auf, deutet es auf nachgelassene Korkelastizität hin; wahrscheinlich sind es auch Lagerfehler.

Mid Shoulder: Hier beginnt es kritisch zu werden. Bei Weinen, die um die Jahrhundertwende gefüllt und nie neu verkorkt worden sind, ist dieser große Schwund nicht ungewöhnlich. Es muß mit einem Essigton gerechnet werden.

Low Shoulder: Allenfalls akzeptabel bei Weinen aus dem vorigen Jahrhundert. Die Chance, daß der Wein noch Genuß vermittelt, ist allerdings gering. Es muß mit Säuernis gerechnet werden. Aber: Ausnahmen sind, wie die Praxis immer wieder zeigt, nicht auszuschließen.

Below Shoulder: Der Wein ist mit ziemlicher Sicherheit ungenießbar. Die Oxydation dürfte durch den großen Schwund so weit fortgeschritten sein, daß der Wein bereits einen starken Essigton hat.

Alte Weine sind ein Mysterium und mit Logik nicht erfaßbar. Es gibt Weine, die sind nach sieben bis zehn Jahren am Ende ihrer Entwicklung, andere befinden sich dann erst mitten in ihrer Pubertät. Nur wenige Händler verfügen über ein reiches Angebot alter Weine; viel wird über Auktionen angeboten.

Der Pauillac-Knigge

Die Geschichte ist wahr: Ein Düsseldorfer Zahnarzt und Weinfreund hat seiner Frau strikt verboten, den heißen Suppentopf zum Auskühlen in den Weinkeller zu stellen. Diese rigorose Maßnahme mag manchem unverständlich sein und vor allem übertrieben erscheinen. Das ist sie vielleicht auch, aber sie kündet von der Fürsorge, mit der Liebhaber ihre Weine bedenken. Den Herrn Doktor plagte nämlich die Sorge, die vom Topf ausgehende Hitze und die Dünste könnten seinen kostbaren Gewächsen schaden. Grobe Gerüche, wie sie von Zwiebeln, Räucherschinken, Waschpulver, Lacken u.a. chemischen Produkten ausgehen, schlagen sich auf Dauer im Wein nieder.

Grundsätzlich gilt, daß junge, kräftige Weine einiges an Strapazen ertragen. Aber gerade die Pauillac-Weine bilden da gleich die Ausnahme von der Regel. Denn die Mehrzahl ist nicht zum frühen Trinken geeignet, man will sie aufheben und sollte von daher von vornherein achtsam mit ihnen umgehen. Sowenig wie aus einem jungen Rüpel ein alter Elegant wird, sowenig werden Weine, die man in ihrer Jugend durch falsches Lagern gequält hat, in Feinheit reifen.

Der Weinkeller – ein Muß für Pauillac-Topgewächse

Ist also schon bei jungem Pauillac größte Sorgfalt angebracht, so gilt dies ganz besonders und in viel größerem Maße für ältere Jahrgänge. Sie reagieren empfindlich auf ihre Umwelt. Bei sehr alten Weinen können wenige Wochen in trockener, heißer Luft reichen, um sie ungenießbar zu machen. Solcherart fehlgelagerte Weine trocknen geschmacklich aus; sie verlieren an Finesse, werden spröde – anstelle der Frucht schieben sich Alkohol und Holzaromen in den Vordergrund – und schmecken seltsam totgekocht mit einem kratzigen bis brennenden Beiton. Sehr alte Weine sollten auch sowenig wie möglich transportiert werden – wenn schon, dann in einer Kühlbox und stehend, weil das die Gefahr des Verschüttelns vermindert.

Wer nur 50, 60 oder auch 100 Pauillac-Flaschen mit bereits ausgereiftem Inhalt als ständigen Vorrat zu Hause hat und diese Weine regelmäßig trinkt, braucht sich um die ideale Lagerung keine Gedanken zu machen. Ein derartiges Depot läßt sich problemlos auch in der Wohnung unterbringen, wobei man selbstverständlich darauf achten sollte, daß die Flaschen nicht in der Nähe von Hitzewellen oder Chemikalien aufbewahrt werden und am kühlsten Ort liegen.

Weine, die nicht zum täglichen Konsum erworben werden, sondern mit Blick in die Zukunft, weil sie entweder aus einem bestimmten Jahrgang stammen oder noch unreif sind, bedürfen freilich einer möglichst optimalen Lagerung.

Ein Weinkeller ist ideal, wenn er dunkel ist und gut belüftet, wenn die Temperatur möglichst das ganze Jahr über konstant bleibt und die Luft feucht ist.

Temperatur: Glücklich kann sich schätzen, wessen Keller keine Jahreszeiten kennt, was heißt, daß die Temperatur das ganze Jahr über bei etwa 10 Grad Celsius liegt. Das wird selten der Fall sein, wahrscheinlicher sind saisonale Schwankungen zwischen 7 und 15 Grad Celsius. Das ist noch kein Grund zur Besorgnis. Es gibt sogar Weinprofis, die meinen, ein mäßiges Auf und Ab der Temperaturen täte dem Wein gut. Diese Ansicht ist allerdings umstritten, denn Schwankungen, mögen sie auch dezent sein, lassen den Wein vermutlich etwas schneller reifen als eine gleichbleibende Temperatur. Sicher ist, daß starke klimatische Wechsel dem Wein auf Dauer weniger bekommen als eine konstante Temperatur, selbst wenn sie zwischen 12 und 15 Grad Celsius liegt.

Ist der Keller zu kalt, kann es im Winter bei tiefen Minusgraden passieren, daß Weinstein ausgeschieden wird. Das gilt nur als Schönheitsfehler, wenngleich nicht auszuschließen ist, daß manche Weine dadurch etwas an Temperament und Rasse einbüßen. Ist der Keller im Durchschnitt oder auch nur während der Sommermonate zu warm, wenn die Temperaturen über 17 oder gar 20 Grad Celsius steigen, wird der Reifeprozeß forciert.

Das ist von besonderer Bedeutung für Pauillac-Weine, die bereits auf ihrem Höhepunkt sind, den sie unter idealen Lagerbedingungen noch lange zu halten vermögen. Auch hochwertige Weine, die man als jüngere Jahrgänge zu einem günstigeren Preis gekauft hat, um sie bei sich zu Hause ausreifen zu lassen, werden die ihnen zugesprochene Lebensdauer nur bei bester Lagerung erfüllen. Es empfiehlt sich daher, Temperatur und auch Feuchtigkeit regelmäßig zu kontrollieren.

Luftfeuchtigkeit: Sie ist unerläßlich für eine gute Lagerung; als optimal gelten Werte zwischen 70 und 80 Prozent. Ist der Keller feuchter, ist dies für den Wein nicht schlimm, sofern der Raum stets gut belüftet wird. Allenfalls muß man damit rechnen, daß die Etiketten unansehnlich werden (bei Mouton-Rothschild sicherlich eine Katastrophe) und sich von den Flaschen lösen. In diesem Fall empfiehlt es sich, die Weine extra zu kennzeichnen. Abhilfe können Luftentfeuchter schaffen.

Problematisch sind trockene Keller. Trockenheit läßt den Korken frühzeitig porös werden. Das fördert einerseits die Verdunstung – der sogenannte Schwund nimmt zu –, und andererseits gelangt mehr Luft als normal an den Wein, was die Oxydation unnötig verstärkt. Der Wein altert schneller, obendrein neigt er dazu, an Farbe einzubüßen und im Geschmack spröde zu werden. Betonierte Keller sind in der Regel zu trocken – hier kann technisch für mehr Feuchtigkeit gesorgt oder schlicht der Boden regelmäßig mit Wasser begossen werden.

Dunkelheit: Wein und insbesondere die Pauillac-Weine mögen es dunkel. Sowohl Sonne als auch intensives elektrisches Licht, zumal von Neonröhren, hat auf Dauer eine zersetzende Wirkung.

Ruhe: Die braucht der Wein, wenn er fein reifen soll. Erschütterungen machen ihn krank, wie sie beispielsweise entstehen, wenn in unmittelbarer Nähe des Kellers Züge rattern oder schwere Maschinen betrieben werden. Permanentes Erzittern nimmt dem Wein Finesse und macht ihn vorzeitig alt.

Lüftung: Unsaubere Luft macht den Wein dumpf und muffig. Deshalb ist es wichtig, daß der Lagerraum ständig belüftet wird. Zudem sollte vermieden werden, Wein in der Nähe von stark riechenden Anlagen, Lebensmitteln (Zwiebeln) oder gar Chemikalien zu lagern.

Was tun, wenn man gar keinen Keller hat oder nur einen, der sich, weil zu warm und trocken oder der Ölheizung benachbart, nicht eignet, Weine länger zu lagern? Da gibt es die – nicht billige – Möglichkeit, einen Raum zu klimatisieren. Das kann in Form einer Kühlzelle sein oder einer Klimatür, wie sie die auf Weinlagerung spezialisierten Unternehmen anbieten. So eine Weinklimatür, die aus jedem isolierten Raum, ob im Keller oder im Penthouse, einen optimalen Lagerplatz für Weine aller Art macht, kostet rund 7000 Mark. Die Tür, die sich von jedem Handwerker steckfertig installieren läßt, sorgt nahezu vibrationsfrei für konstante Temperatur, ausreichende Luftfeuchtigkeit und Belüftung. Als Alternative – oder flankierende Maßnahme – bieten sich Temperierschränke an, die 120 Flaschen und mehr aufnehmen können, oder größere, begehbare Kühlzellen.

Natürliche Begleiterscheinungen des Alterns: Schwund und Depot

Ohne Probeschluck läßt sich nur vage beurteilen, wie gut ein älterer Wein noch ist. Allerdings gibt es eine Hilfe namens Schwund; das ist die Differenz zwischen dem Korken und der Oberfläche des Weins. Ein Niveauunterschied von etwa zwei Zentimetern gilt bei Pauillac-Weinen als normal bis zurück in die frühen 60er Jahre. Bei Flaschen, die älter als 30 Jahre sind, kann ein Schwund bis zu vier Zentimetern akzeptiert werden, doch da wird es mit der Qualität schon kritisch. Liegt das Weinniveau unter der sogenannten Flaschenschulter, ist Skepsis geboten.

Der Schwund ist die Folge des natürlichen Verdunstungsprozesses. Auch durch den besten Korken, der im Alter an Elastizität verliert und dünner wird, gelangt Sauerstoff an den Wein. Deshalb werden Weine in der Regel alle 20 bis 30 Jahre neu verkorkt. Gut ist es, alte Flaschen zusätzlich zu versiegeln. Je größer das Vakuum in der Flasche wird, um so lebensbedrohlicher ist es auf Dauer für den Wein, weil zuviel Luft an ihn herankommt und die Oxydation, vergleichbar mit einer Todesdroge, ihr schleichendes Vernichtungswerk betreiben kann.

Es bildet sich Ester, jene flüchtige Säure, die einem schon beim ersten Hinschmecken ziemlich hart in die Nase steigt. Das ist die Vorstufe des Essigstichs. Parallel zu diesem Prozeß verändert sich die Farbe des Weins: Er wird zunehmend heller, vom kräftigen Rubin über Bordeaux, Ziegel, Rotbraun, Mahagoni bis zu Bernstein (ein Zeichen für uralte Weine oder die vorzeitige Wirkung der Oxydation). Weine, die farblich weder glühen noch glitzern, sondern matt aussehen und müde wirken, muß man mit ziemlicher Sicherheit abschreiben.

Der farbliche Zustand läßt sich von außen nur unzulänglich erkennen, oft gar nicht, weil gerade alte Flaschen in der Regel dickwandig und dunkeltönig sind. Zwar kann man mit einer starken Lichtquelle – Kerze oder Punktstrahler – den Flaschenhals durchleuchten und so einen gewissen Eindruck von der Farbdichte bekommen, doch ist das nur ein Baustein im Mosaik der Erkenntnis.

Ein weiteres Indiz kann die Art des Depots sein. Dazu schüttelt man die Flasche leicht und dreht sie dann auf den Kopf: Bei staubfrei rieselndem Depot dürfte der Wein qualitativ noch in Ordnung sein, wenn's aber in großen Flocken durch die Flasche schliert, schaut es verdächtig nach essigsaurer Überalterung aus, und wenn gar kein Depot zu sehen ist, deutet es auf Bastelei durch Fälscher hin.

Sinn und Unsinn des Dekantierens

In der gehobenen Gastronomie gehört die Szene zum Alltag: Ein Kellner füllt den Wein von der Flasche in eine Karaffe um. Das nennt man dekantieren. Bei korrekter Handhabung ist es keine Show, sondern ein funktionales Instrument der Trinkkultur.

Für das Dekantieren gibt es einen Haupt- und einige Nebengründe. Der Hauptgrund ist schlicht der, den Wein klar und hell ins Glas zu bringen. Das hauptsächlich aus abgestorbenen Farbzellen und kristallisierten Mineralien bestehende Depot kann ganz gut als Ersatz für Salz zum weichgekochten Ei schmecken, aber im Wein stört es Auge und Gaumen. Deshalb ist von der Sache her auch nichts gegen einen dekantierten Pauillac-Wein zu sagen. Eine Injektion Sauerstoff fördert in der Regel die Entfaltung der Aromastoffe. Vorsicht ist nur bei sehr alten Weinen angebracht.

Das Depot steigt wie eine Wolke in den Wein, ihn auch geschmacklich verunreinigend, sobald die Flasche hin und her bewegt wird, wie es beim Einschenken in Gläser unvermeidlich ist. Das sorgsame Umgießen in die Karaffe hat den Sinn, den Wein klar vom Depot zu trennen. Damit die Trübstoffe nicht aufgewirbelt werden, muß die Flasche behutsam transportiert werden – sei es im Körbchen oder nur mit ruhiger Hand, aber in jedem Fall so, wie sie gelagert worden ist: liegend und mit dem Depot nach unten.

Außerdem gibt es einige Nebengründe, die allerdings nicht weniger wichtig sein können:

1. Die forcierte Reife: Rotweine, die noch diesseits ihres Höhepunktes sind, also zu jung, verfügen in der Regel über viel Gerbstoffe (Tannin). Sie schmecken verschlossen, streng und adstringierend, was der Volksmund »pelzig« nennt. Die reichliche Zufuhr von Luft macht diese Weine etwas weicher im Geschmack. Das Dekantieren wirkt ein bißchen wie eine forcierte Reife. Das gilt vor allem für die meisten 1981er, 1978er, 1975er und die härteren 1970er aus Pauillac.

2. Das Lüften: Es gibt Weine, die unmittelbar nach dem Entkorken unangenehm riechen: holzig, muffig, dumpf. Gewisse Mißtöne können durch die Korrespondenz mit dem Sauerstoff verfliegen; auch so mancher Korkverdacht verfliegt buchstäblich nach einer solchen Luftkur.

3. Die Ästhetik: Wer den Tisch schön mit Damast, Silber, Porzellan und Gläsern gedeckt hat, empfindet Wein in der Karaffe stilvoller als in der Flasche.

Das richtige Dekantieren ist keine Kunst. Bei Weinen mit Depot ist wichtig, daß die Flaschen nicht geschüttelt, sondern sanft entkorkt und mit der Mündung auf die Karaffe gelegt werden. Der Wein soll nicht plätschern, sondern leise am Bauch der Karaffe entlangfließen. Das fünf bis zehn Zentimeter vom Flaschenhals entfernt gehaltene Kerzenlicht durchleuchtet das Glas. Sobald sich die ersten

Depotteile an der Flaschenschulter zeigen, muß das Umfüllen beendet werden.

Wer ein bis zwei Tage zuvor weiß, welche Flasche er öffnen will, kann sie senkrecht stellen, so daß die Trübstoffe zu Boden sinken und sich dort ablagern. Das vermindert beim Transport das Risiko des Aufwirbelns von Depot und erspart das Körbchen. Bei Doppelmagnum und größer empfiehlt es sich, die Flasche drei bis vier Tage vor dem Dekantieren senkrecht zu stellen.

Nun muß man nicht mit gleichsam religiöser Inbrunst jede Flasche dekantieren, deren man habhaft wird. Sehr alten Pauillac-Weinen, die 30, 40 und mehr Jahre auf dem Buckel haben, kann die aggressiv auf sie einwirkende Luft sogar den Gnadenstoß versetzen. Sie sterben, noch ehe der letzte Schluck getrunken ist. Aber das ist die Ausnahme; eher gilt, daß die Methusalems durch den Luftschub noch einmal für kurze Zeit aufblühen.

Die hohe Schule des Degustierens oder Die klassische Pauillac-Probe

Dem Wein kann man sich auf unterschiedliche Weise nähern. Wie man es tut, ob mit der Neugierde des Liebhabers oder mit sinnlicher Unschuld nach dem Motto »Schlabber, schlabber, weg damit«, ob mit der Ungeduld des Durstigen oder mit dem umständlichen Fachchinesisch desjenigen, der jeden Tropfen in seine chemischen Bestandteile zerlegt – doch vom Wesen des Weins vor lauter Wissenschaft oft nichts begreift –, ist eine Frage der Stimmung, des Anlasses und des Charakters. Weinproben können strapaziös sein, aber auch vergnüglich und lehrreich, denn Wein ist lebendig: er verändert sich ständig und entwickelt sich weiter.

Die Farbe ist das Gesicht des Weins. Sie ist das erste, augenfällige Indiz für den Zustand. Will man der Farbe auf den Grund gehen, neigt man das halbgefüllte Glas über einer blütenweißen Grundlage – Serviette, Tischtuch oder Papier –, und sie läßt sich bis in ihre Schattierungen hinein bestimmen. Diese Methode ist weit besser, als das Glas gegen das Licht zu halten.

Bei den Weinen von Pauillac reicht die Palette vom tiefdunklen Rot mit Purpurrand (dem Zeichen für Jugend) über kräftiges Rubin, Ziegelrot, Rotbraun mit Orangerändern und Mahagoni bis zu Bernstein (dem Signal für uralte Weine oder die vorzeitige Wirkung der Oxidation). Während Weißweine im Alter stufenweise dunkeln (alte Trokkenbeerenauslesen können braun sein wie Hustensaft), werden Rotweine heller und bekommen einen Stich ins Braune und Gelbe. Und noch etwas: Pauillac-Weine haben keinen öligen Schimmer auf der Oberfläche, wie er bei Weinen anderer Regionen oft zu sehen ist.

Als zweites ist die Nase dran, dieses wichtige, für das Erfassen des Weins weithin unterschätzte Organ. Man bringt den Wein durch leichtes, gleichmäßig rhythmisches Kreisen des Glases ins Schwingen, damit sich die Aromastoffe besser entfalten und aus dem Glas steigen. Ist der Duft klar, sauber, geradlinig und – vor allem – pauillactypisch? Dringt es fruchtig in die Nase oder schwiemelig? Riecht der Wein frisch oder alt, derb oder fein? Ist die holzige Note zu stark betont oder in harmonischem Einklang mit der Frucht? Ist der Wein noch verschlossen, zugeknöpft, weil zu jung, oder begeistert er bereits durch sein dichtes Bukett?

Fragen über Fragen, die dank einer routinierten Nase beantwortet werden können. Je nach Alter hat der Wein einen anderen Duft. In der Jugend überwiegen die fruchtigen Töne, meist gemischt mit eichenholzigen Komponenten, später dominieren die blumigen Parfüms. Ungefähr nach fünf bis sieben Jahren nimmt man verstärkt so aparte Düfte wie Vanille, Karamel, Nüsse und auch Lakritze wahr. Im höheren Alter, etwa nach 20, 30, 40 Jahren – je nach Herkunft und Klasse des Weins –, mischen sich Trüffel und Unterholz ins Bukett. Riecht der Wein nach Zinn, Pilzen und feuchtem Laub, ist er am Ende seines Lebens angelangt.

Die Fruchtparfüms erinnern bei den Pauillacs an schwarze Johannisbeere, Himbeere, Erdbeere, Kirsche, Pflaume, Feige. Rose, Veilchen, Kiefer, Heu, Minze, Thymian und Reseda zählen zu den blumigen Düften. Reifere Weine riechen oft nach gegrillter Mandel, getoastetem Brot, Vanille, Karamel, Pfeffer, Muskat, Tabak, Zedernholz, Zimt, Gewürznelke, sogar nach Teer, Kaffee und Kakao.

Nach der Nase ist die Zunge an der Reihe. Man nimmt einen Schluck und läßt ihn im Mund gleichsam ein bißchen wandern. Die Zungenspitze nimmt Süßes wahr, an den Rändern wird Saures festgestellt, die Zungenoberfläche im vorderen Teil meldet Salziges, und der Zungenrükken in der Gegend des Gaumens registriert die bitteren Noten des Weins.

Unterschieden werden soll der erste Eindruck, die Entwicklung sowie der Nachgeschmack, auch Abgang genannt, der nach dem Schlucken im Mund bleibt.

Professionelle Degustatoren, die bei Weinproben in einer Stunde Dutzende von Sorten probieren, schlucken den Wein nicht, sondern spucken ihn aus – in erster Linie deshalb, um nicht betrunken zu werden und an Konzentration einzubüßen. Empfehlenswert ist es, den Gaumen zwischendurch mit klarem Wasser zu reinigen oder ein Stück trockenes Brot zu essen. Von Käsehappen ist dringend abzuraten, denn Käse verschmiert die Geschmackspapillen, die, solcherart eingelullt, nicht mehr präzise und kritisch die vielfältigen Nuancen im Wein aufspüren.

Voraussetzung für eine korrekte Weinprobe ist neben der leiblichen und seelischen Kondition des Degustators, daß der Wein die richtige Temperatur hat. Pauillac-Gewächse entfalten sich am besten bei 17 und 18 Grad Celsius. Leichten Weinen tun auch 16 Grad Celsius gut, kapitale, ältere Kreszenzen schmecken auch mit 19 Grad Celsius, doch wärmer sollte der Wein nicht sein, weil die Gefahr besteht, daß er sich duft- wie geschmacksmäßig in undelikate Breite entwickelt.

Wichtig ist auch das richtige Glas. Ideal sind Stielgläser mit ausreichend großem tulpenförmigem Kelch, der sich sanft zum Mundrand hin verjüngt. Dadurch können sich die Duftstoffe am besten entfalten. (Eines der schönsten und zugleich funktionalsten Gläser ist, nebenbei bemerkt, das Bordeaux-Glas aus der »Sommelier«-Serie des Hauses Riedel.)

Auge, Nase und Zunge nehmen also wahr, wie ein Wein aussieht, wie er duftet und schmeckt. Der Fachmann nennt das die organoleptische Untersuchung.

Aber egal, ob man dem Wein nun bis ins Detail auf die Spur zu kommen sucht oder ihn gleichsam mit einem einzigen Zungenschlag einordnet (schmeckt er mir oder nicht?): Nach der sensorischen Analyse darf stets in Bildern geschwelgt werden, was oftmals mehr über einen Wein aussagt als die trockene Nomenklatur. Ein Pauillac kann tatsächlich scheu sein wie eine Gazelle, lustig wie ein Kobold, schwer wie ein Nilpferd, weise wie ein Philosoph, stark wie ein Athlet, abweisend wie eine Silberdistel im Regen. Und es gibt Lafites, die erinnern an eine Sommerwiese, Latours, die stolzen Rittern gleichen, Moutons, die duften wie ein Beet voller Blumen und Früchte.

Der Umgang mit Pauillac-Weinen ist im Grunde nicht komplizierter als der mit Rotweinen anderer Regionen. Voraussetzung für ungetrübten Genuß ist freilich, daß die Weine richtig gelagert werden: liegend, kühl, dunkel und besser feucht als trocken. In der Regel sollten die Weine dekantiert werden. Das Umgießen in eine Karaffe trennt den Wein klar vom Depot – und verschafft ihm eine duft- und geschmacksfördernde Sauerstoffdusche.

Die Châteaus: Mouton-Rothschild, Latour, Lafite-Rothschild & Co.

Château Lafite-Rothschild

Der Wein von Lafite war schon ein Mythos, als das Gut noch »Lafitte« hieß und kein Rothschild etwas damit zu tun hatte. Baron Elie de Rothschild, der das Gut 30 Jahre lang im Auftrag der Familie führte, bis er 1975 seinem Neffen Eric, einem sehr britisch wirkenden Mann, die Leitung übertrug, erzählt gern die Geschichte von Richelieu, der Ludwig XV. mit dem Bekenntnis erstaunte, er habe das Geheimnis der ewigen Jugend entdeckt: den Wein von Château Lafite – einen Nektar passend für die Götter. Die Pompadour hat ihn servieren lassen, die Dubarry mochte angeblich nichts anderes trinken. Thomas Jefferson, der US-Präsident und Weinfreund, hat Lafite zu den besten Weinen von ganz Bordeaux gezählt.

Lafite-Rothschild, das ist auch heute noch ein Mythos. Wer ihn trinkt – besser: wer ihn sich leisten kann –, ist in guter Gesellschaft, denn eine Weinsammlung ohne Lafite, das ist wie eine Bibliothek ohne Goethe. Vor allem die Engländer haben dem Lafite Altäre errichtet, auf denen sie ihm jeden Schluck gleichsam feierlich opfern. Man muß es erlebt haben, wie etwa Michael Broadbent, der Weindirektor von Christie's und wahrlich ein profunder Kenner, von der Herrlichkeit eines Lafite schwärmt. Es klingt wie die Liebeserklärung eines leidenschaftlichen Erotikers.

Man weiß nicht genau, wann auf Lafite der erste Wein erzeugt wurde. Es mag im 14. oder 15. Jahrhundert gewesen sein, vielleicht auch schon früher. Als Baron James de Rothschild, der schwerreiche Pariser Bankier und Abkömmling der aus Fankfurt stammenden Familiendynastie der Rothschilds, am 8. August 1868 das Gut für die horrende Summe von 4,1 Millionen Franc kaufte, war der Ruhm des Guts bereits perfekt. Baron James, damals schon alt und krank, hat Lafite niemals gesehen. Vielleicht hatte er nur Spaß daran, weil seine Bank zufällig in der Pariser Rue Laffitte residierte; es wird aber auch mit einem Augenzwinkern kolportiert, seine drei Söhne, Alphonse, Gustave und Edmond, praktizierende Lebemänner, hätten die Idee reizvoll gefunden, Lafite sozusagen als Hauswein in die Hand zu bekommen. Daß Nathaniel de Rothschild vom britischen Zweig bereits Mouton-Rothschild besaß, mag zusätzlich ein Stimulans gewesen sein.

Das Château mit dem runden Turm ist nicht groß, aber zauberhaft. Da gibt es, jeweils kostbar mit Antiquitäten eingerichtet, den roten Salon, den zur Terrasse hin gelegenen Sommersalon, die Bibliothek mit den grün bezogenen Polstermöbeln, das holzgetäfelte Speisezimmer mit dem rosa und blaugrünen Porzellan. Die parkähnliche Auffahrt ist natürlich, wie es sich für ein Pauillac-Château gehört, mit hellem Kies bestreut, was einen Verehrer von Lafite zum hymnischen Bild animierte, jedes Automobil unterhalb der Klasse eines Bentley sei hier deplaziert.

Ähnlich überschwenglich sind die Lobpreisungen über den Wein. Tatsächlich ist Lafite ein außergewöhnliches Gewächs. Wenn Latour für männliche Stärke steht, Château Margaux für duftige Delikatesse und Mouton, der Erzrivale seit jeher, für fruchtige Opulenz, so ist Lafite der Inbegriff feiner Eleganz. Die klassischen Lafite, das sind Weine mit mehr Seele als Körper, irgendwie leichter wirkend als ihre Nachbarn, ohne leichtfertiger zu sein. Sie sind zugeknöpft in der Jugend, doch voll Finesse in ihrer Reife. Sie trampeln einem nicht über die Zunge, eine breite Spur von Fruchtigkeit hinterlassend, sondern tänzeln auf leisen Sohlen, so daß man alle seine Geschmacksnerven bemühen muß, um ihre Größe ganz zu erfassen.

Da ist, um ein bißchen ins vergangene Jahrhundert zu schmecken, der 1899er mit seinem Charme oder der 1900er, der, dunkelfarben und dicht im Bukett, jene Todessüße hat, die große Rotweine im Alter bekommen wie Freilandrosen jenen besonders intensiven Duft vor dem Verwelken. Es ist, als erweise das Schicksal dem Wein wie der Rose gleichsam lächelnd eine letzte Gnade. Ein Wunder an Wein, jawohl, ein Wunder, ist der 1864er: ausbalanciert, ungemein fein im Duft, seidig im Geschmack.

Ein Ausbund an zarter Eleganz ist der 1953er, kraftvoll schmeckt der 1959er, dezent der 1949er, groß der 1878er, distinguiert noch der 1861er, hübsch der 1962er, eher moribund der 1961er. Ein guter Lafite auf seinem Höhepunkt ist der Prototyp eines Elegants, nur leider, leider erlaubte sich das Gut, barmherzig formuliert, eine Schwächeperiode, die von 1963 bis 1975 währte. Weiß der Himmel, was dafür die Ursache war. Führungsschwäche, wispern die einen, Profit, raunen die anderen.

Jedenfalls atmen die Weine aus dieser Zeit nicht den großen Geist von Lafite. Der 1964er ist disharmonisch, säuerlich und dünn schmeckt der 1967er, uncharmant wirkt der 1966er, relativ matt ist der 1970er, schwach der 1971er. Man füllte sogar einen 1968er, der heute aussieht wie Karottensaft, ein krautiges Bukett hat und wie ein mickriger Beaujolais schmeckt. Die Phase der Irritation endete mit dem Jahrgang 1976, einem delikaten, schönen Wein, der zur Zeit köstlich schmeckt.

Die neue Ära begann mit neuen Männern. Baron Eric de Rothschild übernahm die Leitung, ihm zur Seite steht Gilbert Rokvam als Regisseur – ein Titel, der wörtlich zu nehmen ist. Seither haben die Weine von Lafite wieder jene herrliche Kombination von Tiefe und Finesse. Der 1978er ist ein großer Wein, tadellos der 1979er. Gewisse Anmut hat der 1980er: ein leichter Wein, entsprechend dem Jahrgang, jetzt auf seinem Höhepunkt und so etwas wie der Mittagswein des wohlhabenden Mannes. Eleganz zeigt der 1981er, Größe der 1982er, Kraft der 1983er. Prachtburschen sind 1985 und 1986 – wobei es sich versteht, daß die Weine ab 1978, der 1980er ausgenommen, noch weit von ihrem Höhepunkt entfernt sind.

Lafite verfügt über rund 90 Hektar Weinberge. Im Schnitt werden pro Jahr um die 300 000 Flaschen mit dem extrem kleinen Etikett (95 mal 70 Millimeter) erzeugt. Für die Reifung des Weins werden jedes Jahr rund 1000 neue Eichenfässer benötigt. Die Reben: 70 Prozent Cabernet Sauvignon, 15 Prozent Merlot, 13 Prozent Cabernet Franc, 2 Prozent Petit Verdot. Seit 1974 gibt es wieder einen Zweitwein namens *Moulin des Carruades.*

Château Mouton-Rothschild

Mouton, das ist der Prachtvolle: ein Wein mit ungemein dichter Frucht, Tiefe und Opulenz, wie es in dieser Bündelung nicht noch einmal in Pauillac zu finden ist. In besonders guten Jahrgängen duftet ein Mouton-Rothschild wie ein Beet voller Früchte, und es schwingt ein aparter Hauch von Minze mit, so daß Liebhaber, überwältigt von der aromatischen Fülle, schon mal mit respektvoller Ironie von »Mouton-Hollywood« sprechen – ein Wort, über das Baron Philippe de Rothschild amüsiert lachen konnte, auch wenn er sonst, was den Wein von Mouton betraf, nicht zum Spaßen neigte.

Die Geschichte des Schlosses und des Weines ist untrennbar mit Baron Philippe verbunden. Als der junge Mann, gerade 20 Jahre alt, im Jahr 1922 die Leitung des Weinguts übernahm, rangierte Mouton-Rothschild in der berühmt-berüchtigten Wein-Klassifikation des Médoc aus dem Jahr 1855 noch an zweiter Stelle: als Deuxième Cru Classé, was man auf dem Gut mit Arroganz kommentierte: Erster kann ich nicht sein, Zweiter will ich nicht sein, ich bin Mouton. Prémiers Crus Classés waren von Anfang an nur Latour, Margaux, Haut-Brion und das Verwandten gehörende Lafite-Rothschild, der Rivale auf Lebenszeit.

Was niemand für möglich gehalten hätte, gelang Baron Philippe nach zähen Bemühungen und besten Beziehungen endlich im Jahr 1973, als Mouton-Rothschild auch offiziell in den Rang eines »Premier Cru Classé« erhoben wurde. Das war die erste und bislang letzte Korrektur der Klassifikation, und seither lautet das Motto nicht weniger selbstbewußt: »Erster bin ich, zweiter war ich, Mouton ändert sich nicht.« Daß Mouton mit Lafite und Latour, den beiden anderen Spitzenweinen aus Pauillac, gleichgesetzt wurde, war nur gerecht und nichts anderes als die protokollarische Höherstufung eines Guts, das längst erstklassigen Wein erzeugte.

Mouton war 1855 wohl nur deshalb nicht erstrangig plaziert worden, weil sich das Gut, das Baron Nathaniel de Rothschild im Jahr 1853, also zwei Jahre vor der Klassifikation, gekauft hatte, nicht gerade in bestem Zustand befand. Das »Château« war damals ein Bauernhof; zwei Jahre reichten nicht, um die hervorragenden natürlichen Gegebenheiten optimal zur Geltung zu bringen. Doch schon 1858 wurde ein Mouton produziert, der sich heute noch mit Genuß trinken läßt. Auch die Jahrgänge 1861, 1865, 1893 und 1899 zählen zu Perlen des vorigen Jahrhunderts.

Vor dem Engagement der Rothschilds hieß das Gut »Brane-Mouton«, benannt nach einem Joseph de Brane, der im frühen 18. Jahrhundert hier Weinberge angelegt hatte. 1830 wurde das Gut an den Pariser Bankier Isaac Thuret verkauft. Was den in London residierenden Nathaniel de Rothschild zum Kauf reizte, weiß man nicht genau. Es mag Spleen gewesen sein, der Gedanke an Investment, vielleicht auch die Eitelkeit, ein renommiertes Weingut in Bordeaux zu besitzen. Als leidenschaftlicher Weinfreund galt der alte Rothschild nicht - ebensowenig wie James de Rothschild, der 15 Jahre später die Domäne Lafite erwarb.

Eine neue Ära begann auf Mouton, als 1922 der junge Baron Philippe die Geschäftsführung übernahm, betraut von seinem Vater Henri, der sich mehr für Literatur und Theater interessiert hatte. Auch Baron Philippe war alles andere als ein biederer Landedelmann. Der promovierte Physiker galt als Lebemann, charmanter Herzensbrecher und kultivierter Bohemien. Er machte sich als Begleiter diverser Bühnenschönheiten ebenso einen Namen wie als Filmproduzent, Theatermäzen, Schriftsteller und Übersetzer elisabethanischer Gedichte. Zudem fuhr »Le Baron« unter dem Pseudonym Louis Philippe mit seinem Bugatti erfolgreich Rennen (zweiter Platz beim Großen Preis von Deutschland im Jahr 1929).

Für Aufsehen sorgte der Baron freilich auch in der Weinszene, als er, der sich vorgenommen hatte, auf Mouton »den besten Wein der Welt« zu keltern, ab 1924 seine Gewächse nicht – wie bis dahin weithin üblich – im Faß an den Handel verkaufte, sondern komplett auf dem Gut in Flaschen füllte. Das war die Geburt der originären Schloßabfüllung, der »Mise en bouteilles au Château«. Das Etikett ließ der kunstliebende Schloßherr vom Kubisten Jean Carlu entwerfen. Ab 1945 gestaltete jedes Jahr ein anderer Künstler – Honorar: einige Kisten Wein – diese Visitenkarte des Weins; ausgenommen das Jahr 1953, das zur Hundertjahrfeier ein Bild von Nathaniel de Rothschild (1812–1870) zeigt, und 1977, das der englischen Königinmutter anläßlich ihres Besuches auf Mouton gewidmet wurde – sie hatte im »chinesischen« Zimmer in einem grandiosen Himmelbett geschlafen. 1978 gab es zwei verschiedene Etiketten von Jean-Paul Riopelle, weil sich Baron Philippe nicht für einen von zwei Entwürfen entscheiden mochte; allerdings achtete man bei der Verpackung der Holzkisten darauf, daß sie Flaschen beider Muster enthielten.

Die Idee mit den Etiketten war ein genialer Werbegag, der Mouton zusätzlich ins Gespräch brachte. Jean Cocteau

Pauillac-Château gehört, gelangt der Besucher über einen mit hellem Kies bestreuten Weg zum Ziel seiner Weinreise: Château Mouton-Rothschild, das nicht nur durch seine Kreszenzen, sondern auch durch die Person seines langjährigen Besitzers, Baron Philippe de Rothschild, zu einer Legende wurde.

Mit seiner Idee, die Etiketten seiner Weine von bekannten Künstlern gestalten zu lassen, konnte Philippe de Rothschild die weltweite Aufmerksamkeit für seine Weine noch weiter steigern. Die Künstler, z.B. Picasso, Andy Warhol, Henry Moore, Miró, Dali usw., wurden übrigens für ihre kleine Dienstleistung »nur« in Naturalien, sprich einigen Kisten Wein, entlohnt.

1980
Château
Mouton Rothschild
PAUILLAC

1979
Château
Mouton Rothschild
1982
1976
Château

JOHN HUSTON
60th harvest at Mouton
John Huston

Andy Warhol

Modernste Kellertechnik hat längst auch Einzug in die geheiligten Hallen von Mouton-Rothschild gehalten. Dennoch hängt das Gelingen eines guten Weins letztendlich allein von der Arbeit und den Erfahrungen des Kellermeisters ab, der dafür Sorge trägt, daß sich die Cuvée optimal entwickelt.

hat den Jahrgang 1947 dekoriert, Braque zeichnete für 1955 verantwortlich, Dalí prägte 1958, Henry Moore 1964, Miró 1969, Chagall 1970, Kandinsky 1971, Picasso 1973, Warhol 1975, Hans Hartung 1980, Arman 1981, um einige Beispiele zu nennen. Was für den reinen Sammler einen extra Reiz hat, wird dem Weinfreund, der auch trinken will, was er im Keller lagert, mitunter freilich zum Ärgernis, denn die Künstleretiketten verleihen den Mouton-Weinen zusätzliche Attraktivität, so daß gerade diese Gewächse besonders häufig zwischen Handel, Privatkellern und Auktionen hin und her geschoben werden, was ihrer Qualität schadet.

Ein sauber gereifter Mouton eines exzellenten Jahrgangs – wie etwa 1928, 1929, 1945, 1947, 1952, 1953, 1955, 1959, 1961, 1966, 1970 oder 1971 (1975, 1978, 1981, 1982, 1985 und 1986 sind noch zu jung) – ist ein privates Weltereignis. Da paart sich Fülle und Eleganz, dringt es aus dem Glas duftmäßig nach Zedernholz, Himbeeren, roten Johannisbeeren, Vanille, Minze und anderen Aromen in verschwenderischem Reichtum. Wegen seines besonders hohen Anteils an Cabernet-Trauben benötigt Mouton lange Zeit bis zu seinem Höhepunkt; wenn manch anderes Bordeaux-Gewächs nach 10 oder 20 Jahren bereits runzlig wird, ist Mouton dann gerade genußreif: Der 1970er ist immer noch in seiner Aufwärtsphase.

Am 28. Januar 1988 ist Philippe de Rothschild, der Mann, der, unterstützt von Raoul Blondin, seinem jahrzehntelangen Kellermeister, der mit Mouton gleichsam verheiratet war und das Château Mouton-Rothschild nach oben führte, gestorben. Seine Tochter Philippine, die als Mitglied der »Comédie-Française« Theater spielte, führt heute das Haus.

Zu Mouton-Rothschild gehören cirka 72 Hektar Weinberge. Im Schnitt werden pro Jahr 240000 Flaschen erzeugt. Die Reben: 85 Prozent Cabernet Sauvignon, 10 Prozent Merlot, 5 Prozent Cabernet Franc.

Château Latour

Wenn es einen gewaltigen Wein gibt, dann ist es der von Château Latour. In starken Jahren gleicht er einem Musterathleten, aber selbst in schwächeren Jahren, wenn es die Natur nicht so gut mit den Reben meinte, verfügt Latour immer noch über weit mehr Muskeln als die Gewächse anderer Güter. Latour ist in diesem Sinne ein männlicher Wein, voller Kraft, stark bis unbeugsam, dunkelfarbig, von großer Tiefe im Geschmack und langem Nachklang. Typisch für ihn sind der intensive Duft nach schwarzen Johannisbeeren, Zigarrenholz, Leder und frischen Nüssen, aber auch eine gewisse mineralische Note.

Ein Latour läßt sich freilich nicht im Spaziergehen trinken. Auf diesen Wein, der die längste Reifezeit von allen Pauillac-Weinen benötigt – was damit auch heißt: von allen Bordeaux-Kreszenzen –, muß man warten können. Geduld ist bei Latour unerläßlich, denn in seiner Jugend ist er derart tanninbetont, daß er zarten Geschmacksnerven das Fürchten lehrt. Ist der Höhepunkt erreicht – auf dem sich ein guter Latour mühelos viele Jahre lang hält –, begeistert der Wein durch Klarheit, Geradlinigkeit und monumentale Kraft mit Rasse sowie Einsprengseln von Finesse.

Von den Spitzengewächsen ist einzig der 1961er Latour noch nicht ausgereift. Auch der 1959er, ein wahrer Hüne, ist noch tanningeprägt. Der 1964er ist der schönste Pauillac dieses Jahrgangs. Mächtig ist der 1966er, der langsam zu seiner Harmonie findet. Jahrgänge für die Jahrtausendwende sind 1970 sowie 1975, wogegen der 1978er - bei aller prachtvollen Struktur - in Ansätzen bereits Genuß vermittelt. Schön zu trinken sind jetzt der 1971er, der 1976er und der 1980er.

Ins Gerede kam der Latour allerdings mit einigen der jüngeren Jahrgänge wie 1984 (etwas säurebetont), 1986 (zu leichtgewichtig für Latour?) und 1987 (seltsam blaß und auch etwas dünner, als es der ohnedies durchschnittliche Jahrgang zulassen sollte). Man munkelte von Führungsproblemen und nachlassendem Korpsgeist unter der Mannschaft, doch scheinen die Manager, die das mehrheitlich einem britischen Konzern gehörende Gut leiten, die längst zur heiligen Kuh gewordene Domäne wieder im Griff zu haben.

Der rundlich abgedachte Turm, das weithin sichtbare Wahrzeichen von Latour, stammt aus dem Jahr 1620. Urkundlich ist der Name »Latour« für ein Weingut aus dem Jahr 1714 belegt. 1785 ging die Domäne an drei Weinhändler über, deren Familien bis 1963, als die englische Finanzgruppe Pearson die Mehrheit erwarb, die Politik bestimmte (auch die Sherryfirma Harveys of Bristol hält einen Anteil, und etwa ein Fünftel der Aktien ist noch in französischer Hand).

Die Engländer führten 1964 einige technische Neuerungen ein, ohne den traditionellen Stil der Weinbereitung zu ändern. Kelleranlagen und Weinberge waren damals in schlechtem Zustand. Die alten Holzbottiche wurden durch rostfreie Edelstahltanks ersetzt, was die Steuerung der Gärtemperatur ermöglichte. Man schaffte eine Entrappungsmaschine an und erneuerte behutsam einen großen Teil der Rebanlagen.

Wichtig war die Reparatur des veralteten Drainagesystems, das den lehmigen Untergrund der Weinberge entwässert. Die Reben sind zwar durstig, aber sie mögen kein stehendes Wasser. Andererseits ist der unter Kies, Sand und Steinen lagernde Lehm ein Ingrediens für die machtvolle Kraft der Latour-Weine. Ein anderer Grund der Latour-Pracht liegt in den alten Rebstöcken. Je älter ein Weinstock ist, desto weniger Ertrag gibt er, doch dafür sind die Weine gehaltvoller und eleganter.

Die Erklärung für den eigenwilligen, unverwechselbaren Charakter des Latour liegt außer in der Bodenstruktur auch in der Zusammensetzung der Reben mit dem hohen Anteil an Cabernet sowie im unverändert konservativen Stil des Hauses. So bleibt der junge Wein nach Ende der Gärphase noch ein bis zwei Wochen mit der Maische verbunden, damit er den Schalen mehr Farbe und Tannin entziehen kann. Die Reifung erfolgt in neuen Barrique, die Klärung erfolgt mit frischem Eiweiß, auf Filterung wird verzichtet.

In sogenannten vertikalen Proben diverser Jahrgänge ist denn auch festzustellen, daß der Latour nach den technischen Reformen nichts von seiner enormen Konzentration an Frucht und Tannin eingebüßt hat. Dafür sorgt schließlich auch die strenge Selektion. Für den »Grand Vin« werden nur Trauben aus Rebstöcken gekeltert, die älter als 10 Jahre sind. Die Weine jüngerer Anlagen fließen entweder in den »Los Forts de Latour«, einen zweiten Wein der Domäne, oder sie werden wie Partien, die sich nicht zufriedenstellend entwickelten, als schlichter »Pauillac« verkauft.

Der »Les Forts de Latour« ist kein typischer Zweitwein. Ein erheblicher Teil für diesen Wein kommt nämlich aus einem eigenen Weinberg, »Petit Betailley« oder »La Pinada« genannt. Latour wäre legitimiert, diese Reben sämtlich für den »Grand Vin« zu verwenden, doch unterläßt man dies, um die homogene Lagenqualität des Hauptweinberges, der das Château als geschlossene Fläche umgibt, nicht zu verfälschen. Zudem wird »Les Forts de Latour« erst in trinkreifem Zustand angeboten.

Der 1966er kam als Erstling im Jahr 1972 auf den Markt, der 1976er wurde vor dem stärkeren 1975er verkauft. Der Wein, der in seinem Stil die gleiche Charakteristik aufweist wie sein mächtiger Bruder, der große Latour, ist freilich nicht so konzentriert. Dafür ist der »Les Forts de Latour« früher zum Genuß geeignet – und er wird zum Preis eines klassifizierten Gewächses gehandelt.

Zu Latour gehören cirka 60 Hektar Weinberge. Im Schnitt werden pro Jahr knapp 200000 Flaschen erzeugt. Die Reben: 80 Prozent Cabernet Sauvignon, 10 Prozent Cabernet Franc, 10 Prozent Merlot. Vom »Les Forts de Latour« werden rund 100000 Flaschen erzeugt.

Château Pichon-Longueville-Comtesse de Lalande

In dem anmutigen Schlößchen mit dem langen Namen, der auch auf den Etiketten der Weinflaschen steht, residiert eine Frau, der es gelang, die Männerwelt von Bordeaux das

Staunen zu lehren. Wenn von May-Eliane de Lencquesaing, weil sie mit einem General verheiratet ist, oft als »Madame General« die Rede ist, versteckt sich hinter dieser ironischen Anspielung nicht selten die Unsicherheit von Männern, die verblüfft registrieren, daß diese Frau, der seit 1978 das Château gehört, den als Deuxième Cru klassifizierten Wein zu einem Gewächs gemacht hat, das man heute als »Super-Zweiten« bezeichnet.

Château Pichon-Lalande – Madame de Lencquesaing spricht lieber von »Pichon-Comtesse« – wird heute als einer der Ersten unter den zweitklassifizierten Gewächsen betrachtet. Mancherorts wird der Eindruck erweckt, Pichon-Lalande habe früher als Wein überhaupt wenig getaugt. Das ist nicht korrekt. Zwar hat es Schwächephasen auf dem Gut gegeben. Zudem war man noch vor 20, 30 Jahren den Launen des Wetters ziemlich hilflos ausgesetzt. Auch läßt sich heute nichts gegen Regen unternehmen, der in die Ernte plätschert und die Trauben verwässert, aber dank moderner Kellertechnik und sorgfältiger Selektion ist man in der Lage, selbst aus einem schwachen Jahrgang einen guten Wein zu machen.

Früher hatte man entweder gar nicht oder weniger streng selektiert, was heißt: die Fässer mit weniger gelungenen Weinen auszusondern und zu deklassieren. Vom qualitativ kleinen Jahrgang 1987 hat man auf Pichon-Lalande rund die Hälfte ausgeschieden. Nur 50 Prozent der Ernte sollen unter dem Hauptetikett gefüllt werden; die andere Hälfte wird unter dem Zweitetikett »Réserve de la Comtesse« vermarktet und ist teilweise als namenloser »Pauillac« an den Handel verkauft worden. Diese rigorose Selektion, verbunden mit großen technischen Investitionen, hat zum enormen Aufschwung des Guts beigetragen.

Die Grundlage für die hohe Weinqualität bilden freilich die natürlichen Bedingungen: Bodenverhältnisse (Kies und lehmiger Untergrund ähnlich wie beim unmittelbaren Nachbarn Latour), Reben (für Pauillac ungewöhnlich hoher Anteil an Merlot, der unter anderem für die geschmeidige Delikatesse des Weins sorgt) sowie Kleinklima. Ergänzt durch eine aufwendige Weinbergspflege sowie eine moderne Kellerkultur, die nichts mit einer Manipulation des Weins zu tun hat, sondern in Edelstahltanks für die erste Gärung und neuen Barrique gipfelt, ergibt das die Möglichkeit, in guten Jahren außergewöhnlich gute Weine zu machen.

Früher hatte man den fertigen Wein direkt aus den Barrique in die Flaschen gefüllt. Das war so üblich und erklärt die oft unterschiedliche Qualität alter Flaschen, obwohl desselben Jahrgangs und aus derselben Kiste stammend. Heute wird nach der zweiten Gärung, der sogenannten »Fermentation malolactique«, bei der die aggressive Äpfelsäure in die milde Milchsäure umgewandelt wird, die »Assemblage« durchgeführt, was nichts anderes ist als das Mischen der für gut befundenen Weine, bevor sie in die kleinen, 225 Liter fassenden Barrique (das Gut verwendet je zur Hälfte neue sowie einjährige Eichenfässer, was, weil weniger Gerbsäure aufgenommen wird, die Weine früher trinkreif sein läßt) gefüllt werden, wo sie 21 Monate lang liegen. Die Assemblage sorgt für eine gleichmäßige Qualität des Jahrgangs.

Die Weine von Pichon-Lalande hatten immer schon Rasse und Finesse. Bis 1850 war die Domäne fast doppelt so groß. Dann teilte Baron Joseph de Pichon Longueville sein Gut unter seinen Sohn, der zwei Fünftel bekam (das heutige Château Pichon-Longueville-Baron), sowie die drei Töchter auf (die Comtesse de Lalande wird später von ihren Schwestern erben und die drei Fünftel vereinen). Im Jahr 1926 kaufte Edouard Miailhe, Weinhändler und Vater der heutigen Besitzerin, das Gut. Erst führte ein Bruder von Madame Lencquesaing das Château, bis es ihr 1978 als Folge von Erbauseinandersetzungen zufiel.

Gemeinsam mit ihrem vorzüglichen Gutsdirektor Jean-Jacques Godin und beraten von Professor Emile Penaud, dem berühmten Önologen von Bordeaux und graue Eminenz vieler Güter, führte May-Eliane de Lencquesaing mit Optimismus, Gottvertrauen und viel Kraft das Gut in eine neue Dimension. Madame, die privat überaus natürlich ist, witzig und charmant, kreierte einen Stil, der etwas von der delikaten Finesse eines St. Julien hat (ein Fünftel der Weinberge liegt auf diesem Gebiet), aber auch die Kraft und Eleganz eines Pauillac. Pichon-Lalande, das ist ein Wein in Samt und Seide.

Große Jahrgänge: 1875, 1893, 1900, 1921, 1929, 1945, 1947, 1949, 1953, 1955, 1959, 1961, 1964, 1966, 1970, 1975, 1978, 1981, 1982, 1983, 1985, 1986.

Zu Pichon-Lalande gehören 60 Hektar Weinberge. Im Schnitt werden 340000 Flaschen erzeugt (1980 waren es 256200 Flaschen, 1983: 398894 Flaschen). Die Reben: 45 Prozent Cabernet Sauvignon, 35 Prozent Merlot, 12 Prozent Cabernet Franc, 8 Prozent Petit Verdot. Der Zweitwein ist »Réserve de la Comtesse«.

Château Pichon-Longueville

In der Weinbranche gab es ein gehöriges Wispern, als der französische Versicherungskonzern »AXA« Ende 1986 das Weingut Pichon-Longueville kaufte, zur besseren Unterscheidung von Château Pichon-Longueville-Comtesse de Lalande auch Pichon-Baron genannt. Atemberaubend war der Preis: rund 270 Millionen Franc. Aufsehenerregend war, daß Jean-Michel Cazes, der Besitzer von Château Lynch-Bages, die Führung des Guts übernahm, das bis dahin dem Familienclan der Bouteillers gehörte. Verkauft wurde das Gut, weil sich die 14 Familienteilhaber offenbar nicht auf eine gemeinsame Weinpolitik einigen konnten.

Der Kellermeister von Château Pichon-Lalande raufte sich enttäuscht die Haare, als er von dem Verkauf erfuhr, denn er hätte es liebend gerne gesehen, wenn das Gut mit dem wertvollen Boden - er ähnelt in seiner Zusammensetzung (Kies und Sand auf Lehm) dem von Latour, dem Nachbarn - mit Pichon-Lalande vereint worden wäre. Schließlich bildeten beide Güter bis 1851, als der Baron de Pichon das große Areal aufteilte und sein Sohn zwei Fünftel bekam (das heutige Pichon-Longueville-Baron), eine Einheit. Die beste Weinbergslage liegt auf einer 21 Meter hohen Kuppe, was für Pauillac bereits eine nennenswerte Höhe darstellt.

Ähnlich wie zwischen Mouton-Rothschild und Lafite-Rothschild gibt es zwischen Pichon-Lalande und Pichon-Baron einen teils sportiv, teils leidenschaftlich geführten Wettstreit um die Frage, wer nun den besseren Wein macht. Daran beteiligen sich auch die Weinfreunde in aller Welt, ungeachtet der Tatsache, daß es hier weniger um qualitative Werte, sondern um höchst individuelle Vorlieben geht. Der eine schätzt den kraftvollen, rassigen Stil von Pichon-Baron höher, der andere mag lieber den delikaten, geschmeidigen Wein von Pichon-Lalande.

Große, überwiegend heute noch mit Genuß zu trinkende Jahrgänge aus der Vergangenheit sind: 1929, 1945, 1947, 1952, 1953, 1955, 1959, 1961, 1964. Dann begann eine Phase der Irritation. Die Krise dauerte bis Mitte der 70er Jahre; ab dem Jahrgang 1978 ist ein Aufwärtstrend zu verzeichnen. Gut sind die Jahrgänge 1979, 1981, 1982, 1983, 1986. In der Schwächephase wurden die Weinberge vernachlässigt, man munkelte was von schlechten Fässern. Daß die Trauben mit Maschinen – statt per Hand, wie bei den anderen erstklassigen Gütern – geerntet wurden, galt auch nicht gerade als Indiz für höchstes Qualitätsbewußtsein, denn bei der Handlese kann man grüne und faule Beeren aussortieren.

Jean-Michel Cazes schaffte als erstes die Erntemaschinen ab. Weiteres Geld wurde in die Weinbergspflege, die Kellertechnik und neue Fässer gesteckt. Der Wein reift in etwa 50 Prozent neuen Barrique, die andere Hälfte sind ein- oder mehrmals gebrauchte Fässer. Außerdem wird das architektonisch attraktive Schloß aus der Mitte des 19. Jahrhunderts, erbaut im Stil der Neo-Renaissance mit barocken Einsprengseln, restauriert. Das wunderschöne Schloß war, weil unbewohnt, in ziemlich desolatem Zustand. Es soll künftig für Empfänge, Weinproben und als Gästehaus dienen.

Über das, was die Weinfreunde mehr interessiert als die Architektur, nämlich die Güte des Weines, läßt sich erst in einigen Jahren im Detail werten. Tatsache ist, daß Pichon-

Baron über ein außerordentlich gutes Potential verfügt und daß Jean-Michel Cazes mit seinem Lynch-Bages bewiesen hat, daß er erstklassigen Wein zu machen versteht. Das erlaubt die Annahme, daß Château Pichon-Baron bald wieder sein ehemals hohes Niveau erreicht haben wird. Typisch für den Stil von Pichon-Baron sind kräftige Weine, muskulös, reich im Duft und mit Rasse – klassische Pauillacs.

Zu Pichon-Baron gehören 36 Hektar Weinberge. Im Schnitt werden 160000 Flaschen erzeugt. Die Reben: 75 Prozent Cabernet Sauvignon, 24 Prozent Merlot, 1 Prozent Malbec und Petit Verdot. Der Zweitwein hieß unter den alten Besitzern »Baronnet de Pichon«, Cazes will ihn unter »Les Tourelles de Longueville« etikettieren.

Château Lynch-Bages

Das Gut gehört seit den 30er Jahren dieses Jahrhunderts der alteingesessenen Pauillac-Familie Cazes. Gekauft hat es der Großvater, dann übernahm es der Vater, André, der auch mehrere Jahrzehnte lang Bürgermeister von Pauillac war. Heute leitet Jean-Michel Cazes das Gut, und er tut es mit derart großem Erfolg, daß Château Lynch-Bages inzwischen höher gehandelt wird, als es seinem fünften Rang in der 1855er Klassifikation entspricht.

Die Geschichte des Guts begann im 18. Jahrhundert, als Thomas Lynch, der Sohn irischer Einwanderer, die Tochter eines Weinbauern heiratete, dessen Gut auf einem kleinen Kieshügel bei Pauillac, den Bages, lag. Bis 1824 blieb die Domäne im Besitz der Familie, danach wechselte sie mehrfach den Besitzer. 1934 kaufte Jean-Charles Cazes das Château, das eher einem Gutshaus als einem Schloß glich. Große alte Jahrgänge sind der 1955er und der 1961er. Immer noch ein Athlet ist der 1970er, ein kraftvoller Wein.

Der große Aufbruch begann in der zweiten Hälfte der 70er Jahre, als Jean-Michel Cazes die Führung übernahm und neue Akzente setzte – in der Kellerkultur wie im Marketing. Zudem restaurierte der ungemein sympathische und weltoffene Mann das alte Gutsgebäude sowie die Weinkeller, die er geradezu tempelhaft ausbaute. Im Gegensatz zu vielen anderen Château-Herren, denen beim Bordeaux-Wein nur Glorie über die Zunge kommt, spricht Jean-Michel Cazes ehrlich und kompetent über technische Fragen der Weinbereitung.

Die Trauben werden natürlich mit der Hand geerntet – dafür kommen zur Verstärkung Saisonarbeiter aus dem Süden. Der erste Gärprozeß findet in Tanks aus Edelstahl statt, anschließend, nach der malolaktischen Gärung, werden die Weine miteinander verschnitten (Assemblage) und rund 15 Monate lang in Barrique, von denen etwa die Hälfte neu ist, gelagert. Das Ergebnis ist ein kraftvoller Wein von dunkler Farbe mit konzentriertem Bukett (schwarze Johannisbeeren nebst einem Hauch Minze), dichter Frucht und üppigem Körper.

Der Lynch-Bages ist kein schmalhüftiges Bürschchen, sondern ein gestandener, kräftiger Mann. In sehr guten Jahrgängen (wie 1970, 1975, 1978, 1979, 1981, 1982, 1985, 1986) fasziniert er durch seine athletische Kraft, aber er überzeugt auch in schwächeren Jahren (wie 1980). Dann zeigt sich die Klasse eines Gutes. Wer in einem Wein vor allem zarte Noten und Finesse sucht, wird mit Lynch-Bages weniger glücklich sein, wem es jedoch auf Kraft und Eleganz, die sich im Laufe der Reifung einstellt, ankommt, der hat seine Freude an diesem Wein. Nicht von ungefähr nennt man den Lynch-Bages auch den »Mouton des armen Mannes«.

Jean-Michel Cazes kann über diesen Vergleich nur lächeln. Erstens ist der Lynch-Bages für arme Leute längst nicht mehr erschwinglich, und zweitens verfügt sein Wein, wenn es auch gewisse gemeinsame Charaktermerkmale mit dem großen Mouton gibt, doch über genügend eigene, unverwechselbare Eigenschaften.

Die Bibel der Bordeaux-Weine, »Bourdeaux et ses vins« (Edition Féret et Fils, Bordeaux, 1887 Seiten, 440 Franc), setzt in seiner 13. Auflage Lynch-Bages an die Spitze der fünften Gewächse aus Pauillac.

Der Zweitwein von Château Lynch-Bages heißt »Haut-Bages Averous«, von dem 60000 Flaschen erzeugt werden. Dieser Wein, teils gewonnen aus einem eigenen Weinberg, teils aus deklassiertem Lynch-Bages, ist von hübscher, süffiger Fruchtigkeit, nicht kompakt, sondern leicht und gefällig.

Zu Lynch-Bages gehören 75 Hektar Weinberge. Im Schnitt werden 300000 Flaschen pro Jahr erzeugt. Die Reben: 70 Prozent Cabernet Sauvignon, 18 Prozent Merlot, 10 Prozent Cabernet Franc, der Rest ist Malbec und Petit Verdot.

Château Grand-Puy-Lacoste

Als der erbenlose Raymond Dupin, ein praktizierender Gourmet, der sich eine eigene Schafherde hielt, nur um bestes Lammfleisch zu haben, 1978 aus Altersgründen das Château Grand-Puy-Lacoste an die Familie Borie verkaufte, war man natürlich neugierig, wie sich das künftig auf die Weine auswirken würde. Grand-Puy-Lacoste, unter Kennern bekannt für seine Beständigkeit, würde zwar, da zweifelte niemand, der Jean-Eugene Borie, den Besitzer von Château Ducru-Beaucaillou, kannte, weiterhin Spitze sein, aber offen war doch, ob und wie sich die Weine im Stil ändern würden.

Es gab eine Verschiebung, wenn auch erst mal in homöopathischer Dosierung. Der klassische Grand-Puy-Lacoste ist stets ein wuchtiger Wein gewesen, ein kompromißloser Pauillac: farbintensiv, hart, sogar streng in der Jugend, weil voller Tannin, doch im Alter immer eleganter werdend. Große Vertreter dieses Typs sind heute noch der 1953er, der 1959er, der 1961er, der 1966er. Stark sind der 1970er, der 1975er und der 1976er.

François-Xavier Borie, der Sohn, der Grand-Puy-Lacoste seit dem Jahrgang 1978 führt und das 1850 erbaute Schlößchen mit Familie auch bewohnt, gibt den Weinen etwas mehr Frucht mit sowie Geschmeidigkeit. Der Pauillac-Stil ist weiterhin klar erkennbar, doch werden sich die Weine künftig früher öffnen und mehr Charme haben als die Vorgänger, auf die man doch sehr lange warten mußte, ehe sie ihren Höhepunkt erreicht hatten.

Ein großes Kapital des Guts sind die hochwertigen Weinberge. Sie arrondieren das Schloß, das auf einem sanften

Hügel an der Nebenstraße zwischen Pauillac und St. Laurent liegt. Würde es heute zu einer Reform der 1855er-Klassifikation kommen, könnte Château Grand-Puy-Lacoste – die Ursprünge des Guts reichen übrigens dokumentarisch ins frühe 16. Jahrhundert zurück – sicher mit einer Höherstufung rechnen.

Zu Grand Puy-Lacoste gehören 45 Hektar Weinberge. Im Schnitt werden pro Jahr um die 140 000 Flaschen erzeugt. Die Reben: 70 Prozent Cabernet Sauvignon, 25 Prozent Merlot, 5 Prozent Cabernet Franc.

Château Batailley

Das als fünftes Gewächs klassifizierte Weingut ist ein grundsolider Vertreter von Pauillac. Man tut dem Wein nicht unrecht, wenn man ihn nicht zu den großen Elegants rechnet. Nicht jeder kann ein Lafite sein. Aber der Batailley ist von bemerkenswert gleichmäßiger Qualität. Gut in der Farbe, geradlinig in der Struktur, überzeugend durch gutes Fruchtpotential. In der Relation zu den anderen fünften Gewächsen ist man preislich halbwegs auf dem Teppich geblieben. Seit Ende der 70er Jahre und speziell in den 80er Jahren scheint man den Wein zunehmend etwas fruchtbetonter auszubauen.

Gute ältere Jahrgänge, die inzwischen freilich ausgereift bis überreif sind: 1953, 1955, 1961. Der 1966er ist jetzt auf seinem Höhepunkt. Empfehlenswert sind auch der 1970er, der 1975er (benötigt noch Reife) sowie die Jahrgänge 1978 (schon mit Genuß zu trinken), 1981, 1982, 1985, 1986 (die 80er brauchen alle noch Zeit). Ein architektonisches Juwel ist das inmitten eines prächtigen Parks gelegene Château aus der Mitte des 18. Jahrhunderts.

Zu Château Batailley gehören cirka 50 Hektar Weinberge. Im Schnitt werden pro Jahr 250 000 Flaschen erzeugt. Die Reben: 73 Prozent Cabernet Sauvignon, 20 Prozent Merlot, 5 Prozent Cabernet Franc, 2 Prozent Petit Verdot.

Château Clerc-Milon

Das Gut – ein fünftes Gewächs – war in ziemlich desolatem Zustand, als es Baron Philippe de Rothschild 1970 kaufte. Seither ist kellertechnisch viel investiert worden, aber trotzdem scheint Clerc-Milon nicht gerade das Lieblingskind der Rothschilds zu sein. Der Wein ist leicht, wenn auch von weicher Geschmeidigkeit; doch mangelt es ihm an Tiefe und Rasse. Ab dem Jahrgang 1981 ist eine Verbesserung festzustellen.

Zu Château Clerc-Milon gehören cirka 30 Hektar Weinberge. Im Schnitt werden pro Jahr 108 000 Flaschen erzeugt. Die Reben: 70 Prozent Cabernet Sauvignon, 20 Prozent Merlot, 10 Prozent Cabernet Franc.

Château Croizet-Bages

Das hinter dem kleinen Ort Bages gelegene Gut ist ein fünftes Gewächs – und als solches gut aufgehoben. Die

In dem anmutigen Schlößchen mit dem langen Namen Château Pichon-Longueville-Comtesse de Lalande residiert eine Frau, der es gelang, das Château zu einem »Super-Zweiten« aufzuwerten.

Wie in einem Kirchenschiff ruht der Inhalt der Fässer im Keller des Château Pichon-Longueville-Comtesse de Lalande seiner Vollendung entgegen, um anschließend in Flaschen abgefüllt zu werden.

Weine sind eher von rustikaler als eleganter Art; sie wirken in der Jugend füllig, doch verfügen sie weder über die Tiefe noch den reichen Charakter des Nachbarn Lynch-Bages. Alles in allem ein solider Pauillac von kräftiger Statur. Empfehlenswerte Jahrgänge: 1976, 1979, 1981, 1982, 1985, 1986.

Zu Château Croizet-Bages gehören cirka 22 Hektar Weinberge. Im Schnitt werden pro Jahr 96 000 Flaschen erzeugt. Die Reben: 40 Prozent Cabernet Sauvignon, 35 Prozent Merlot, 25 Prozent Cabernet Franc.

Château Duhart-Milon-Rothschild

Als die Besitzer von Lafite-Rothschild das Gut im Jahr 1962 kauften, waren Keller und Weinberge in desolatem Zustand. Es galt, bei Null zu beginnen, um dem vierten Gewächs wieder einen seinem Rang gemäßen Ruf zu verschaffen. Das erforderte Zeit, denn aus jungen Reben läßt sich nun mal nicht die Finesse keltern, wie sie ältere Rebstöcke hergeben. Inzwischen ist Duhart-Milon-Rothschild wieder oben. Es verdient seinen vierten Rang – eventuell sogar einen dritten, sollte die ab dem Jahrgang 1978 präsentierte Klasse gehalten werden.

Der Duhart-Milon-Rothschild ist kein kleiner Bruder des Lafite, sondern ein Gewächs von eigenständigem Charakter: kraftvoll, rassig und elegant. Der 1976er ließ bereits die neue Qualität erkennen, der 1978er überzeugt durch seine reiche und komplexe Art. Voll ist der 1979er, zart der 1980er, elegant der 1981er, reich der 1982er.

Empfehlenswert sind auch die Jahrgänge 1983, 1985 und 1986.

Zu Château Duhart-Milon-Rothschild gehören cirka 45 Hektar Weinberge (Lafite benachbart). Im Schnitt werden pro Jahr 150 000 Flaschen erzeugt. Die Reben: 70 Prozent Cabernet Sauvignon, 20 Prozent Merlot, 5 Prozent Cabernet Franc, 5 Prozent Petit Verdot.

Château Grand-Puy-Ducasse

Das fünfte Gewächs zählt heute zu den aufstrebenden Gütern. Der Umschwung begann 1971 durch neue Eigentümer, die Weinberge kauften und die Kelleranlagen modernisierten. Das Château, erbaut im klassizistischen Stil, steht mitten im Städtchen Pauillac, am breiten Ufer der Gironde. Der Wein ist ein klassischer Pauillac: dunkelrot, duftend nach schwarzer Johannisbeere, dichtfruchtig und von stabilem Körperbau. Die Härte der jungen Weine wandelt sich mit den Jahren in geschmeidige Rasse. Die Preise sind, relativ gesehen, moderat, das Château bietet ein gutes Preis-Qualitäts-Verhältnis.

Zu Château Grand-Puy-Ducasse gehören cirka 35 Hektar Weinberge. Im Schnitt werden pro Jahr 210 000 Flaschen erzeugt. Die Reben: 70 Prozent Cabernet Sauvignon, 25 Prozent Merlot, 5 Prozent Petit Verdot.

Château Haut-Bages-Libéral

Ein fünftes Gewächs, das seinen Rang lange Zeit nicht verdiente. Bis in die 70er Jahre hinein gerieten die Weine unaufregend und ziemlich mager. Das mag seinen Grund darin gehabt haben, daß ab Anfang der 60er Jahre die Weinberge, die übrigens großenteils an den Besitz von Château Latour grenzen, neu bepflanzt worden sind. Es brauchte also Jahre, bis die Rebstöcke im richtigen Alter waren. Das ist heute der Fall. Der erste noble Jahrgang war 1975. Auch der 1976er hat Format. Anfang der 80er Jahre wurde das Gut verkauft; geleitet wird es exzellent von Madame Bernadette Villars, die auch das renommierte Bürgergewächs Château Chasse-Spleen führt. Ab dem Jahrgang 1981 gewinnt Haut-Bages-Libéral deutlich an Klasse. Die Weine sind echte Pauillacs: tiefdunkel, dichtfruchtig, fest strukturiert – und preislich akzeptabel.

Zu Château Haut-Bages-Libéral gehören cirka 23 Hektar Weinberge. Im Schnitt werden pro Jahr 120000 Flaschen Wein erzeugt. Die Reben: 70 Prozent Cabernet Sauvignon, 25 Prozent Merlot, 5 Prozent Petit Verdot.

Château Haut-Batailley

Das Weingut war ursprünglich ein Teil von Château Batailley – 1942 wurde es abgetrennt. Weil das Château auf Batailley blieb, steht heute auf Haut-Batailley nur ein adrettes Bauernhaus. Wichtiger ist freilich, was der Wein taugt. Geführt wird das fünfte Gewächs von Jean-Eugène Borie, dem Besitzer von Château Ducru-Beaucaillou (St. Julien); das macht sich im Stil des Weins bemerkbar, denn der Haut-Batailley ist nicht der Prototyp eines Pauillac. Eher ist er mit einem St. Julien zu vergleichen. Der Wein hat einen feinen Duft und einen Körper von nobler Finesse - ein anmutiger Pauillac. Selbst in seiner Jugend ist der Haut-Batailley weniger hart als bereits von gefälliger Harmonie. Das Gut erzeugt Weine von beständiger Qualität.

Zu Château Haut-Batailley gehören cirka 20 Hektar Weinberge. Im Schnitt werden pro Jahr 90 000 Flaschen erzeugt. Die Reben: 65 Prozent Cabernet Sauvignon, 25 Prozent Merlot, 10 Prozent Cabernet Franc. Die Zweitmarke ist Château la Tour-d'Aspic.

Château Lynch-Moussas

Ein fünftes Gewächs, das Ende der 60er Jahre, als es Emile Castéja übernahm, in marodem Zustand war. Die Keller mußten modernisiert, die Weinberge neu bepflanzt werden. Aus jungen Reben kann man keinen großen Wein machen. Je älter die Weinstöcke sind, desto tiefer wurzeln sie und desto mehr Kraft sowie Aromen holen sie aus den diversen Bodenschichten heraus. Es dauerte also ein Jahrzehnt, bis Castéja das Weingut reformiert hatte. Ab den 80er Jahrgängen ist Lynch-Moussas wieder ein ehrlicher Pauillac: dunkelfarbig, kräftig duftend (mitunter mit Einschlag von Minze), fruchtig mit gutem Abgang.

Zu Château Lynch-Moussas gehören cirka 26 Hektar Weinberge. Im Schnitt werden pro Jahr 140000 Flaschen erzeugt. Die Reben: 70 Prozent Cabernet Sauvignon, 30 Prozent Merlot. Die Zweitmarke ist Château Haut-Madroc.

Château Mouton-Baronne-Philippe

Der Name signalisiert es bereits: Dieses fünfte Gewächs ist die kleinere Schwester von Mouton-Rothschild. Baron Philippe de Rothschild hat das Gut, das früher einmal mit Mouton eine Einheit gebildet hat, im Jahr 1933 gekauft. Damals hieß es Château Mouton-d'Armailhacq. 1956, nach der erforderlichen Sanierung, gab es den ersten Jahrgang unter dem neuen Etikett Mouton-Baron-Philippe, doch 20 Jahre später taufte Baron Philippe das Gut zu Ehren seiner geliebten Frau Pauline in Mouton-Baronne-Philippe um. Mouton-Baronne ist Mouton-Rothschild unmittelbar benachbart – der große, öffentlich zugängliche Park bildet eine Einheit –, doch die Weinbereitung erfolgt separat.

Der Mouton-Baronne ist ein ausgezeichnet gemachter Wein. In minderen Jahrgängen wirkt er zwar leicht flach und mager, doch in guten Jahren trumpft er mit delikater Finesse auf. Es ist ein echter Pauillac, doch im Unterschied zum großen Mouton-Rothschild weicher in der Anlage (das hängt auch mit dem größeren Anteil an Merlot-Reben zusammen), schneller reifend. Die Ähnlichkeit im Stil ist unverkennbar, nur besitzt Mouton-Baronne nicht die reiche Opulenz des Mouton-Rothschild.

Es heißt, die Umbenennung wäre eine Verbeugung vor dem traditionell wichtigen angelsächsischen Markt gewesen, weil es Engländern und Amerikanern schwergefallen wäre, »d'Armailhacq« auszusprechen.

Zu Château Mouton-Baronne-Philippe gehören cirka 50 Hektar Weinberge. Im Schnitt werden pro Jahr 180000 Flaschen erzeugt. Die Reben: 65 Prozent Cabernet Sauvignon, 20 Prozent Merlot, 15 Prozent Cabernet Franc.

Château Pontet-Canet

Bis 1975 gehörte das Gut zum Besitz der Weinhandelsfirma »Cruse«, die das große qualitative Potential von Pontet-Canet, barmherzig ausgedrückt, nicht ausschöpfte. Zeitweilig schien es, als wolle man aus Pontet-Canet eine Marke machen anstelle eines individuellen Château-Gewächses. Unter »Cruse« ist noch bis Anfang der 70er Jahre der Wein sowohl faßweise als auch flaschenweise verkauft worden, was die teilweise enormen Unterschiede von Pontet-Canet-Weinen des gleichen Jahrgangs erklärt (die Faßweine sind von anderen Händlern in Flaschen gefüllt worden).

Guy Tesseron aus der Cognac-Familie gleichen Namens hat das Gut schließlich 1975 gekauft; Frau Tesseron ist, nebenbei bemerkt, eine geborene Cruse. Nun war man gespannt, ob es dem neuen Besitzer gelingen würde, Pontet-Canet wieder nach oben zu bringen. Der Aufstieg war mühevoll. Ab 1981, deutlicher noch ab 1982, als man einen Zweitwein einführte und die Selektion offenbar strenger handhabte, läßt sich von einer Renaissance sprechen. Die Jahrgänge 1983, 1985 und 1986 bestätigen die neue Linie,

so daß Château Pontet-Canet nicht nur ein vollwertiges fünftes Gewächs ist, sondern von Fachleuten inzwischen höher bewertet wird.

Der Wein, der in den 70er Jahren mitunter etwas spröde und auch mager wirkte – tanninreich, doch ohne Finesse –, glänzt nun wieder als echter Pauillac mit Festigkeit in der Struktur plus Eleganz und Noblesse. Gute ältere Jahrgänge sind: 1961, 1975, 1976, 1978.

Zu Château Pontet-Canet gehören cirka 75 Hektar Weinberge. Im Schnitt werden pro Jahr 360000 Flaschen erzeugt. Die Reben: 70 Prozent Cabernet Sauvignon, 20 Prozent Merlot, 8 Prozent Cabernet Franc, 2 Prozent Malbec. Zweitmarke: Les Hauts de Pontet.

Anhang

Importeure und Händler hochwertiger Château-Weine aus Pauillac

Alpina Burkhard Bovenspiepen, Alpenstraße 35, 8938 Buchloe; Tel.: 08241/3071
Bremer Weinkolleg A. und H. Segnitz, Postfach 106604, 2800 Bremen 1; Tel.: 0421/388007
Champa Vins Francais (Spezialist für Raritäten), Am Glasofen 9, 5190 Stolberg; Tel: 02402/20064
Club des Vins – Le Connausseur Paris, Deutsches Clubsekretariat, Hohenzollernstraße 89, 8000 München 40; Tel.: 089/27900510
Fegers & Unterberg, Heumarkt 55, 5000 Köln 1; Tel.: 0221/213203
Frankhof Kellerei, Burgeffstraße 19, 6203 Hochheim; Tel.: 06146/4052
Grand Cru Select (Spezialist für Raritäten), Godesberger Allee 76, 5300 Bonn 2; Tel.: 0228/8196270
Hanseatisches Wein- und Sektkontor, Postfach 201552, 2000 Hamburg 20; Tel.: 04122/504433
Ludwig von Kapf, Postfach 104324, 2800 Bremen; Tel.: 0421/399439
Franz Keller, 7818 Vogtsburg-Oberbergen; Tel.: 07662/715
Weinhandel Karl-Heinz Kögler, Mozartstraße 76, 8012 Ottobrunn; Tel.: 089/6098090
Krautkrämer Vinothek, Waldhotel Krautkrämer, 4400 Münster-Hiltrup; Tel.: 02501/8050
Lager GmbH, Weststraße 9, 7640 Kehl; Tel.: 07851/4660
Mövenpick, Mörikestraße 67, 7000 Stuttgart 1
A. und H. Segnitz, Postfach 106604, 2800 Bremen 1; Tel.: 0421/388007
Carl Tesdorpf, Mengstraße 66, 2400 Lübeck 1; Tel.: 0451/76074
Vins de France, Amalienbergstraße 15, 7560 Gaggenau
Weinland-Keiler, Brennaborstraße 5, 4600 Dortmund 76; Tel.: 0231/65388

Preise

Weinpreise sind nicht unverrückbar. Im Gegenteil: Sie schwanken im Laufe eines Jahres, mitunter sogar beträchtlich. In jedem Fall lohnt es sich, die Preise zu vergleichen. Zwischen den einzelnen Händlern gibt es Differenzen bis zu 20 und 30 Prozent!

Hochwertige Pauillacs sind keine Domäne des Fachhandels mehr. Lafite, Mouton, Latour und Genossen werden vom Versandhandel ebenso angeboten wie in Kaufhäusern. Wer nicht im Fachhandel kauft, muß darauf achten, nicht Flaschen in den Wagen zu packen, die bereits längere Zeit in der für Wein unguten Mischung aus trockener, warmer Luft und grellem Licht im Regal lagen – oder gar standen, wie oft zu sehen. Weinkauf ist immer noch eine Angelegenheit des Vertrauens, was für ein Bürgergewächs genauso gilt wie für einen Premier Grand Cru Classé.

Zur Orientierung seien hier einige Preise angegeben (inklusive Mehrwertsteuer, Stand: Anfang 1989, Preise pro Flasche):

1985er Château Lafite-Rothschild	**130,– DM**
1984er Château Lafite-Rothschild	**90,– DM**
1985er Château Lynch-Bages	**54,– DM**
1981er Château Lynch-Bages	**62,– DM**
1981er Château Mouton-Rothschild	**149,– DM**
1979er Château Mouton-Rothschild	**168,– DM**
1981er Château Haut-Bages-Libéral	**46,– DM**
1985er Château Haut-Bages-Libéral	**28,– DM**
1985er Château Pontet-Canet	**37,– DM**
1984er Château Pontet-Canet	**31,– DM**
1985er Château Haut-Batailley	**77,– DM**
1984er Château Haut-Batailley	**35,– DM**
1983er Château Latour	**155,– DM**
1984er Château Latour	**131,– DM**

Glossar

Appellation d'Origine Contrôlée (A.O.C.): Kontrollierte Ursprungsbezeichnung, die innerhalb eines begrenzten Gebiets u.a. die Rebsorten, die Höchsterträge und den Mindestalkoholgehalt regelt. Auf dem Flaschenetikett findet man entweder den Namen der Appellation groß gedruckt und darunter den Vermerk »Appellation Contrôlée«, oder der Name der Appellation steht zwischen »Appellation« und »Contrôlée« – wie beispielsweise bei »Appellation Pauillac Contrôlée«.

Appellation Pauillac: Sie umfaßt rund 1000 Hektar Weinberge zwischen der Appellation Saint-Estèphe, von der sie durch das Flüßchen Jalle de Breuil getrennt ist, und der Appelation Saint-Julien im Süden. Die mittlere Jahresproduktion beträgt cirka 5 Millionen Flaschen Rotwein. Die Weine von Pauillac sind dunkelfarben, von intensivem Duft, kraftvoll in der Jugend, elegant im Alter.

Barrique: Zum Ausbau des Pauillac-Weines gebräuchliches Eichenfaß von 225 bis 228 Litern (früher 100 pots). Nach dem Urteil des Parlaments von Bordeaux (28. 8. 1772 und 21. 4. 1773) soll ein Faß so aussehen: Höhe: wenigstens 17 Dauben, 34 Zoll und drei Striche (0,527 m); Binnenumfang am Bauche des Fasses (bouge): sechs Fuß (1,949 m); der »fisteau«, der Abstand vom Ende der Daube bis zur Daubenkerbe (jabble) soll zwei Zoll und drei Striche oder 0,061 m betragen; die Bodendaube (foncaille) hatte 22 Zoll und sechs Striche oder 0,604 m Durchmesser.

Batailley: Château 5e Cru Classé nach der Klassifizierung von 1855.

Bouteille: Französisches Wort für Flasche. In Pauillac sind folgende Flaschengrößen gebräuchlich: Normalflasche (0,75 Liter), halbe Flasche (0,375 Liter), Magnum (1,5 Liter), Doppelmagnum (3 Liter), Jéroboam (4,5 Liter), Impériale (6 Liter). Vereinzelt gibt es als Sonderfüllung auch: Salmanazar (9 Liter), Balthazar (12 Liter), Nabuchodonozor (15 Liter).

Bürgergewächse: → Crus Bourgeois.

Cabernet Franc: Dem → Cabernet Sauvignon verwandte, doch untergeordnete Rebsorte. Reift früh, ist dunkelfarbig, duftet nach Himbeeren und Veilchen.

Cabernet Sauvignon: Die Leitrebe in Pauillac. Gibt dem Wein Duft, Tannin, Feinheit und ein langes Leben.

Caveau: Unterirdischer Raum, meist ein steinernes Gewölbe, wo ältere Jahrgänge in Flaschen aufbewahrt werden.

Chai: Lagerraum für die Weinfässer. Wie überall im Bordelais kein Keller, sondern ein oberirdischer, hallenartiger Raum.

Chaptalisation: Verfahren (erfunden von M. de Chaptal, 1756–1832), wonach dem noch unvergorenen Most eine bestimmte Menge Zucker zugesetzt wird, um bei der Gärung den Alkoholgehalt des fertigen Weines anzuheben. Die ersten Versuche wurden im Médoc auf Château Latour 1816 unternommen. Ab 1890 wurde das Verfahren allgemein angewendet. Heute unterliegt das Chaptalisieren in Pauillac strengen Vorschriften.

Château: Französisch Schloß. Diese Bezeichnung wird in der Gironde und damit auch in Pauillac für alle Weingüter einer gewissen Größe verwandt, die für die Weinproduktion geeignete Gebäude haben.

Cinquième Cru: Fünftes Gewächs nach der Klassifizierung von 1855.

Clerc-Milon: Château, 5e Cru Classé.

Collage: Klären des Weins mit Eiweiß: Dabei werden jedem Faß eines großen Pauillac-Weines zu steifem Schnee geschlagene sechs bis acht Eiweiß untergemischt (und später wieder abgefiltert), und zwar mit dem »fouet«, dem Schläger, daher der im 18. und 19. Jahrhundert übliche Name »fouettage«. Das Eiweiß nimmt beim Absinken auf den Boden die Trübstoffe mit.

Colombier-Monpelou: Château Cru Bourgeois.

La Couronne: Château Cru Bourgeois.

Croizet-Bages: Château, 5e Cru Classé.

Crus Artisans et Paysans: Diese »handwerklichen« und »bäuerlichen« Lagen, meist kleinere Güter zwischen ein und fünf Hektar, können dem Liebhaber auf der Suche nach dem kleinen, unbekannten Château vor Ort einen Pauillac-Wein rustikaler Art anbieten, den es so gut wie nicht im Handel gibt.

Crus Bourgeois: Sogenannte »Bürgergewächse«, die in der Rangordnung nach den Crus Classés kommen, doch teilweise besseren Wein erzeugen als einige der Crus-Classés-Güter. Erstmals sind die Crus Bourgeois 1932 klassifiziert worden. Das neue europäische Weinrecht sieht auf dem Etikett nur die Bezeichnung »Cru Bourgeois« vor.

Crus Classés: Sammelbegriff für jene Weingüter, die 1855 im Rahmen der offiziellen Klassifizierung in fünf Klassen eingeteilt worden sind. Sie werden meist »Grands Crus Classés« genannt. Die Rangfolge beginnt bei den Premiers Grands Crus Classés, den »ersten Gewächsen«, und endet bei den Cinquièmes Crus, den »fünften Gewächsen«.

Dekantieren: Delikate Handlung, deren Ziel es ist, die alten Rotweine aus ihrer Originalflasche in eine Karaffe umzufüllen, damit sie von den Ablagerungen getrennt werden. Im allgemeinen geschieht dies bei Kerzenlicht.

Depot: Bodensatz, der sich bei älteren Pauillac-Weinen bildet. Nichts Schlimmes. Im Gegenteil, eher ein gutes Zeichen. Durch das Dekantieren wird die Ablagerung vom Wein getrennt.

Deuxième Cru: Zweites Gewächs nach der Klassifizierung von 1855.

Duhart-Milon-Rothschild: Château, 4e Cru Classé.

La Fleur-Milon: Château, Cru Bourgeois.

Fonbadet: Château, Cru Bourgeois.

Gerbsäure (Tannin): Gruppe organischer Verbindungen, die in den Kernen der Schale und im Traubenstrunk sitzen. Sie tragen zum Altern der Rotweine bei, die mehr Gerbsäure als die Weißweine enthalten.

Grand-Puy-Ducasse: Château, 5e Cru Classé.

Grand-Puy-Lacoste: Château, 5e Cru Classé.

Grand Vin: Schmuckwort, das nichts über die tatsächliche Qualität des Weins aussagt.

Haut-Bages-Libéral: Château, 5e Cru Classé.

Haut-Bages-Monpelou: Château Cru Bourgeois.

Haut-Batailley: Château, 5e Cru Classé.

Korken: In Pauillac sind sie oft sehr lang, über 5 cm. Aus wichtigem Grund: Weine konservieren helfen, die lange Jahre reifen.

Lafite-Rothschild: Château, 1er Cru Classé.

Latour: Château, 1er Cru Classé.

Lynch-Bages: Château, 5e Cru Classé.

Lynch-Moussas: Château, 5e Cru Classé.

Malbec: Rebsorte mit geringem Anteil in Pauillac. Frühreif, niedriger im Alkohol als Cabernet-Trauben. Vollmundig, an Brombeeren erinnernd.

Malolactique (fermentation): Malolaktische oder Milchsäure-Gärung, eine Form der Nachgärung (zweite Gärung, einige Zeit nach der alkoholischen Gärung, bei der der Traubenzucker in Alkohol umgewandelt wird), die unter dem Einfluß von bestimmten Bakterien die scharfe Äpfelsäure in Milchsäure und Kohlensäure umwandelt. Dieser sogenannte »biologische Säureabbau«, lange Zeit unbekannt und Ursache von Fehlentwicklungen beim Wein, kann erst seit 20 Jahren kontrolliert werden und ist, besonders bei sehr tanninhaltigen Rotweinen wie den Pauillac-Kreszensen, durchaus erwünscht.

Merlot: Zweitrebe in Pauillac. Ergibt fruchtbetonte Weine mit weniger Tannin und mehr »Süße« als Cabernet. Die Merlot sorgt für Fülle und Geschmeidigkeit.

Mise en Bouteille au Château: Vom Erzeuger abgefüllter Wein.

Mouton-Baronne-Rothschild: Château, 5e Cru Classé.

Mouton-Rothschild: Château, 1er Cru Classé. 1855, als die Klassifikation vorgenommen wurde, zählte Mouton-Rothschild als zweites Gewächs. 1973 wurde das Gut zum Premier Grand Cru Classé erhoben.

Négociant: Weinhändler.

Oxydation: Folge anormal starker Lufteinwirkung auf den Wein (z.B. durch defekten Korken, überlange oder falsche Lagerung). Der Wein wird bräunlich; er schmeckt verbraucht, ausgezehrt. Oxydierte Weine riechen wie altes Stroh.

Pédesclaux: Château, 5e Cru Classé.

Petit Verdot: Untergeordnete Rebe. Ergibt dunkelfarbige Weine mit viel Duft und Würze.

Pibran: Château, Cru Bourgeois.

Pichon-Longueville-Baron: Château, 2e Cru Classé.

Pichon-Longueville-Comtesse-de-Lalande: Château, 2e Cru Classé.

Pontet-Canet: Château, 5e Cru Classé.

Premier Grand Cru Classé: Kurz Premier Cru genannt. Erstes Gewächs nach der Klassifikation von 1855.

Propriétaire: Weingutsbesitzer.

Quatrième Cru: Viertes Gewächs nach der Klassifizierung von 1855.

Récolte: Jahrgang.

La Rose Pauillac: Wein der Winzergenossenschaft von Pauillac.

Tonneau: Raummaß mit dem Inhalt von vier Bordelaiser Fässern (früher 904 bis 912 Liter), heute – für die Kalkulation – rechnet man ein Tonneau = neun Hektoliter. Die Angaben der Makler beziehen sich auf die Preise pro Tonneau. Wenn ein großer Pauillac-Wein »rendu mise« verkauft wird (d.h. »mise en bouteille au château«), liefert der Erzeuger dem Käufer 1152 bis 1200 Flaschen pro Tonneau.

Troisième Cru: Drittes Gewächs nach der Klassifizierung von 1855.

Vin de garde: Ausdruck für hochwertigen Wein mit guter Lagerfähigkeit.

Zedernholzduft: Für viele Pauillacs klassischer Ton; erinnert an den Geruch einer Holzkiste mit Havanna-Zigarren.

Die ECON Gourmet Bibliothek

Ob über die besten Käsesorten, den feinsten Sekt, die exklusivsten Arten, Hummer zu essen – die ECON Gourmet Bibliothek informiert Sie über die edelsten Produkte aus dem Bereich Essen & Trinken. »Mehr Lebensfreude durch kulinarischen Genuß«, ist das Motto des Herausgebers Hans-Peter Wodarz. Und so richtig genießen kann eben nur der Wissende. In kompakter Form erhalten Sie wichtige Informationen über Kulturgeschichte, Herkunftsländer und Qualitäten. Tips, Adressen, Bewertungsskalen und praktische Empfehlungen helfen allen Genießern und Gourmets weiter.

Jeder Band der ECON Gourmet Bibliothek umfaßt ca. 112 Seiten und ist so sorgfältig ausgestattet wie das Buch, das Sie im Moment in den Händen halten: Ein fester Pappband, farbiges Vorsatzpapier, Kaptalbändchen und viele Farbtafeln machen die ECON Gourmet Bibliothek auch für Bücherfreunde zu einem optischen Genuß. Auf den folgenden Seiten sehen Sie, wie viele Bücher zu Gourmetthemen bereits erschienen sind.

ECON Taschenbuch Verlag
Postfach 30 03 21 · 4000 Düsseldorf 30

Peter C. Hubschmid
Beaujolais, Primeur & Co.

Jürgen Lautwein
Espresso, Mokka, Capuccino & Co.

Karl Rudolf
Grappa, Marc & Co.

Karl Rudolf
Portwein

Heide Hartner
Olivenöl & Oliven

Peter Lempert
Austern

Veronika Müller
Hummer, Krabben, Shrimps & Co.

Ingeborg Kunze-Glupp
Trüffel

Peter Hilgard
Sherry

Friedrich Eberle/Christa Klauke
Chianti

Karl Rudolf
Calvados

Jo Volks
Armagnac

Petra Klein
Essig: Aceto Balsamico & Co.

Rudolf Knoll
Sekt

Ingo H. G. Taubert
Lachs

Jürgen Löbel
Parmaschinken & Co.

Heide Hartner
Roquefort, Stilton & Co.

August F. Winkler
Mouton-Rothschild, Latour, Lafite-Rothschild & Co.